蔣經國大事日記

（1980）

Daily Records of Chiang Ching-kuo, 1980

民國日記 | 總序

呂芳上
民國歷史文化學社社長

人是歷史的主體,人性是歷史的內涵。「人事有代謝,往來成古今」(孟浩然),瞭解活生生的「人」,才較能掌握歷史的真相;愈是貼近「人性」的思考,才愈能體會歷史的本質。近代歷史的特色之一是資料閎富而駁雜,由當事人主導、製作而形成的資料,以自傳、回憶錄、口述訪問、函札及日記最為重要,其中日記的完成最即時,描述較能顯現內在的幽微,最受史家重視。

日記本是個人記述每天所見聞、所感思、所作為有選擇的紀錄,雖不必能反映史事整體或各個部分的所有細節,但可以掌握史實發展的一定脈絡。尤其個人日記一方面透露個人單獨親歷之事,補足歷史原貌的闕漏;一方面個人隨時勢變化呈現出不同的心路歷程,對同一史事發為不同的看法和感受,往往會豐富了歷史內容。

中國從宋代以後,開始有更多的讀書人有寫日記的習慣,到近代更是蔚然成風,於是利用日記史料作歷

史研究成了近代史學的一大特色。本來不同的史料，各有不同的性質，日記記述形式不一，有的像流水帳，有的生動引人。日記的共同主要特質是自我（self）與私密（privacy），史家是史事的「局外人」，不只注意史實的追尋，更有興趣瞭解歷史如何被體驗和講述，這時對「局內人」所思、所行的掌握和體會，日記便成了十分關鍵的材料。傾聽歷史的聲音，重要的是能聽到「原音」，而非「變音」，日記應屬原音，故價值高。1970年代，在後現代理論影響下，檢驗史料的潛在偏見，成為時尚。論者以為即使親筆日記、函札，亦不必全屬真實。實者，日記記錄可能有偏差，一來自時代政治與社會的制約和氛圍，有清一代文網太密，使讀書人有口難言，或心中自我約束太過。顏李學派李塨死前日記每月後書寫「小心翼翼，俱以終始」八字，心所謂為危，這樣的日記記錄，難暢所欲言，可以想見。二來自人性的弱點，除了「記主」可能自我「美化拔高」之外，主觀、偏私、急功好利、現實等，有意無心的記述或失實、或迴避，例如「胡適日記」於關鍵時刻，不無避實就虛，語焉不詳之處；「閻錫山日記」滿口禮義道德，使用價值略幾近於零，難免令人失望。三來自旁人過度用心的整理、剪裁、甚至「消音」，如「陳誠日記」、「胡宗南日記」，均不免有斧鑿痕跡，不論立意多麼良善，都會是史學研究上難以彌補的損失。史料之於歷史研究，一如「盡信書不如無書」的話語，對證、勘比是個基本功。或謂使用材料多方查證，有如老吏斷獄、法官斷案，取證求其多，追根究柢求其細，庶幾還原

案貌，以證據下法理註腳，盡力讓歷史真相水落可石出。是故不同史料對同一史事，記述會有異同，同者互證，異者互勘，於是能逼近史實。而勘比、互證之中，以日記比證日記，或以他人日記，證人物所思所行，亦不失為一良法。

從日記的內容、特質看，研究日記的學者鄒振環，曾將日記概分為記事備忘、工作、學術考據、宗教人生、游歷探險、使行、志感抒情、文藝、戰難、科學、家庭婦女、學生、囚亡、外人在華日記等十四種。事實上，多半的日記是複合型的，柳貽徵說：「國史有日歷，私家有日記，一也。日歷詳一國之事，舉其大而略其細；日記則洪纖必包，無定格，而一身、一家、一地、一國之真史具焉，讀之視日歷有味，且有補於史學。」近代人物如胡適、吳宓、顧頡剛的大部頭日記，大約可被歸為「學人日記」，余英時翻讀《顧頡剛日記》後說，藉日記以窺測顧的內心世界，發現其事業心竟在求知慾上，1930 年代後，顧更接近的是流轉於學、政、商三界的「社會活動家」，在謹厚恂恂君子後邊，還擁有激盪以至浪漫的情感世界。於是活生生多面向的人，因此呈現出來，日記的作用可見。

晚清民國，相對於昔時，是日記留存、出版較多的時期，這可能與識字率提升、媒體、出版事業發達相關。過去日記的面世，撰著人多半是時代舞台上的要角，他們的言行、舉動，動見觀瞻，當然不容小覷。但，相對的芸芸眾生，識字或不識字的「小人物」們，在正史中往往是無名英雄，甚至於是「失蹤者」，他們

如何參與近代國家的構建，如何共同締造新社會，不應
該被埋沒、被忽略。近代中國中西交會、內外戰事頻
仍，傳統走向現代，社會矛盾叢生，如何豐富歷史內
涵，需要傾聽社會各階層的「原聲」來補足，更寬闊的
歷史視野，需要眾人的紀錄來拓展。開放檔案，公布公
家、私人資料，這是近代史學界的迫切期待，也是「民
國歷史文化學社」大力倡議出版日記叢書的緣由。

蔣經國大事日記　導言

呂芳上

民國歷史文化學社社長

中央研究院近代史研究所兼任研究員

一、

　　許多人多注意到年輕一代的新新人類，多半要掌握的是立即、當下，要捕捉的是能看得見、聽得到、抓得住的事事物物，視芸芸之人眾生平等，不把「大咖」人物看在眼裡，昨天的事早早忘卻，明天和過去的歷史，更屬虛無又飄渺。即使對一般人，說美國總統川普（Donald Trump），很多人或還記得，談歐巴馬（Barack Obama），即已印象模糊。老蔣、老毛何許人也？知其名未必悉其實，小蔣（經國）、老鄧（小平）印象就沒那麼深刻。在臺灣，坊間對蔣經國評價不一，民間有人把「蔣經國」以臺語諧音說成「酒精國」，雖屬戲謔之語，反見親切。這時代，有人這麼說：一轉身，光明黑暗都成故事；一回眸，歲月已成風景。不過，尋根是人類本性，我們走過「從前」，要說從歷史中尋求如何面對當今問題的智慧，可能太抽象，但問那個時代、那個人物，留下什麼樣足跡？有過何等影響？還是會引發人們找尋歷史源頭的興味的。

　　近代中國歷史堪稱曲折，世界走入中國，用的是兵艦、巨砲，中國走向世界，充滿詭譎與恫嚇。於是時代

的歷史靠著領導者帶著一群菁英，以無比信心、堅韌生命力與靈妙的模仿力和創造力，共同形塑，造成了「今日」。

在歷史往復徘徊中，往往出現能打開出路的引領人。這些有頭、有臉的人物，他們數十年一夢的人生事跡，對天地悠悠之久，雖也一幌即過，但確實活在歷史。最怕的是當代、後世好事者，可能為這些人塗脂抹粉、加料泡製、打磨夯實、描摹包裝、強力推銷，變成「聖賢」或「惡魔」，弄得歷史人物不成「人」形。

生前飽受公議的政治人物，過世之後也得接受歷史的公評，這是無庸置疑。但論孫文只說他為目的不擇手段、評蔣介石說是獨裁無膽、硬把毛澤東功過三七開，都犯了簡化歷史的毛病；論歷史的事情，既不是痛快的一句話可以了結，月旦歷史人物，更不該盲目恭維或肆意漫罵可以了事。歷史人物的品評，需要多樣資料佐證，於是上窮碧落下黃泉所得的「東西」，不能不說當下、即時的紀錄材料，最不能疏忽。這套《蔣經國大事日記》，作為民國、臺灣歷史人物蔣經國及其時代研究的基礎，當之無愧。

二、

蔣經國生於 1910 年，1988 年過世。美國史家史萊辛格（Arthur Schlesinger Jr.）說，二十世紀是一個混亂的世紀，充滿了憤怒、血腥、殘酷；也充滿了勇敢、希望與夢想。蔣經國的一生起伏跌宕夾雜著這些特色。他幼年讀書不算多，1925 年十六歲正當人格成型之際，

被送到冰天雪地的俄國。那段時間，正是史達林掌權清算鬥爭激烈時期，對他來說想必印象深刻，影響一生。西安事變後抗日開戰前（1937 年 3 月），帶著俄國妻子返國，先在家鄉溪口讀書，其後在江西保安處、贛南專區當行政督察專員，過著中層公務員的生活，並依父命師從徐道鄰、汪日章等人，接受經典洗禮，對傳統文化進行「補課」，也零星通曉西方民主、法治觀念，思想因此有進境，難免蕪雜。抗戰時期往來大後方，除了在贛南有一批從龍之士外，在重慶擔任三青團幹校教育長，有了幹校人脈，加上後來在臺組建青年反共救國團，這幾批人無形中成了他後來的政治班底。

蔣經國真正的政治事業是 1950 年代在臺灣開始的，1950 到 1960 年代蔣介石忙於黨的改造、政治革新，積極準備「反攻復國」，至於情治系統、國安、國軍政工事務多交經國負責，這一時期，國外媒體甚至形容他為「神秘人物」。到 1970 年代聯合國席位不保，中日、中美先後斷交，國家處境逆轉，大約此時統理國家的權力也集中到經國身上，威權政治開始有軟化跡象。不過直到1980 年代中期之後，已深切感受時代在變，環境在變，潮流也不能不變。1986 年 9 月，集大權於一身的經國總統容忍「民主進步黨」成立，等於開放黨禁；10 月中旬決定「解嚴」，次年 7 月 15 日正式實施；接著解除報禁、開放港澳觀光，10 月 15 日准許老兵返大陸探親，民主化邁步向前，對長期威權統治下的臺灣而言，不啻一場寧靜革命。當年擔任總統副手的李登輝，後來在《訪談錄》中，很平實的說了這麼一段

話：「大家講李登輝執政十二年民主改革等等，老實
講，如果這三年八個月中沒有他（蔣經國）在政策上的
變化，我後來的十二年是做不了什麼事的。」

　　同一時期，蔣經國大量起用臺灣省籍菁英，尤其
1972 年出任行政院長後，培養省籍人士不遺餘力，
1984 年在謝東閔副總統之後，提名年輕得多的李登輝
繼之，以當時蔣經國的身體條件和年齡，視為是接班人
選，十分明顯。在行政院長及總統任職期間，蔣經國不
斷走入民間、結交民間友人，1987 年又說出「我也是
臺灣人」的話語，姑不論是否為政治語言，政權本土化
的意味很濃，行動上則多少帶點「蘇俄經驗」味道。

　　1970 年代，國際逆流橫生之外，國內政治異議聲
浪頻起，反對勢力運動勃發，規模不斷擴大，手段益趨
激烈，當時臺灣幾乎有人心惶惶之感。這期間，1973
年及 1979 年碰到兩次石油危機、國際金融風暴。幸賴
十大建設、六年經建計畫等的財經擘劃，安然渡過危
局，「臺灣奇蹟」的締造，蔣經國與有功焉。長時間陪
侍兩蔣身邊的御醫熊丸說，小蔣極為儉樸，樂與民眾接
近，但城府深、表裡不一，恩威難測，並非好相處的朋
友；已過世、有點不合時宜，與經國交過手的財經專家
王作榮，佩服蔣與巨商大賈保持距離，但也直說，蔣經
國是俄國史達林文化與中國包青天文化的混合產物。顯
示這位國家領導人多面向的行事與風格，仍大可有進一
步研究的空間。

三、

1972 年 6 月，62 歲的蔣經國出任行政院長，實質掌理國政。其後 1978 年膺選為中華民國第六任總統，1984 年連任為第七任總統，不幸任期未滿的 1988 年 1 月 13 日辭世，那年他 78 歲。他一生最後的十六年，可說盡瘁國政，奉獻全部心力於臺灣這塊土地。這位關鍵人物在關鍵時期的政府治理成績斐然，此段時間正是臺灣政治、社會的重要轉型期。這十六年的政府政績即使不稱為「經國之治」，說它是臺灣的「蔣經國時代」，絕不為過。

這套《蔣經國大事日記》，涵蓋「蔣經國時代」的十六年，起於 1972 年 5 月 20 日出任行政院長，迄於 1988 年 1 月 30 月奉安大溪止，每日行程幾乎均有如實紀錄。嚴格說這是蔣經國行政院長和兩任總統的行政大事記，原係庋藏於國史館蔣經國忠勤檔案中的一種。原作毛筆、鋼筆文件應出諸經國總統秘書之手，察其所錄，很有總統日常行政實錄意涵。每日記載內容主要為蔣經國擔任院長、總統期間之行止、接見賓客、上山下海巡訪各地，重要會議要點（包括行政院院會、國民黨中常會、中央全會、總統府財經會談、軍事會談）、重要文告、年節談話內容等，大自內政上十項建設的推動，持續三十八年之久的戒嚴宣告解除，反共反獨的宣示，對中共三不（不接觸、不談判、不妥協）政策誓言；國際關係上中日、中美斷交，克來恩（Ray S. Cline）與韓、越「情報外交」，李光耀頻頻秘密來臺的臺新（新加坡）交誼，小至中學生給蔣經國「院長精

神不死」的謝卡小故事，有嚴肅的一面，也見人性幽默
的一環。《蔣經國大事日記》如能與蔣經國個人日記搭
配，「公」「私」資料，參照互比，將更能清楚見其行
事軌跡與作為。故而日記固可補《蔣經國大事日記》之
不足（蔣經國日記起於 1937 年 5 月，記至 1979 年 12
月 30 日因視力惡化中止），《蔣經國大事日記》亦正
足彌補日記之空闕。故此一資料，當屬研究「蔣經國時
代」不可或缺的寶貴史料。

四、

　　這套書記錄 1972 至 1988 年中華民國的國家領導
人行政大事，雖簡要，但不失為「蔣學」研究的重要工
具書。

　　本來歷史學的研究與編纂，就有「年代學」
（Chronology），是以確定歷史事件發生時間的科學，
從古代中國《春秋》、《竹書紀年》，到近人郭廷以的
《近代史國史事日誌》、《中華民國史事日誌》等，都
屬之。這套書一如晉杜預的〈春秋左氏傳序〉所言：
「記事者，以事繫日，以日繫月，以月繫時，以時繫
年，所以紀遠近，別同異也。故史之所記，必表年以首
事。」本書所記，甚至細至以時繫分，明確事件發生時
間，提供歷史發展線索，大可作為歷史研究的基礎。對
當代民國史、臺灣史研究而言，資料之珍貴，實無過
於此。

編輯凡例

一、 本書依照「蔣經國大事日記略稿」編輯，依日期
　　排列。

二、 為便利閱讀，部分罕用字、簡字、通同字，在不
　　影響文意下，改以現行字標示，恕不一一標注。

三、 附件及補充資料以標楷體呈現，部分新聞報導之
　　附件不收錄。

目錄

中華民國 69 年（1980 年）

1月1日　星期二

今晨有十萬民眾匯集總統府前，參加升旗典禮，迎接自強年。

今日特發表元旦祝詞，莊嚴宣告，有中華民國的存在，才有真正的中國存在。並期勉國人樂觀奮鬥，自強不息，贏得反共復國的勝利。

上午

九時，至三軍軍官俱樂部，參加中央黨部新年團拜。見中央黨部蔣秘書長彥士、魏顧問景蒙、余資政井塘。

十時，在府內大禮堂主持中央政府中華民國六十九年開國紀念典禮暨新年團拜。

十一時半許，抵達桃園大溪，作短暫訪問。

中午

至慈湖先總統蔣公陵寢行禮致敬。於下午五時許始離去。

元旦祝詞

親愛的父老兄弟姊妹們：

今天是中華民國六十九年元旦，這是一個光明的日子，是我們國民革命歷史旋乾轉坤的日子。

回憶過去一年，由於海內外同胞團結自強，人人報國，無畏於國際政治、經濟的衝擊，所以我們不僅堅強

屹立，而且能夠加速推展復興基地的建設，更引發大陸
同胞嚮往三民主義的呼聲，愈加開拓了我們中興復國的
氣象，這也證明了國家的命運永遠操之在我。

事實非常明白，有中華民國的存在，才有真正的中
國存在。只有我們勝利了，我們全國同胞才能夠同享自
由幸福；只有我們成功了，我們民族文化的命脈才能夠
綿延再盛；也只有我們勝利成功了，世界才能有真正永
久的和平。因此我們要倣效先賢的話說：我們的艱苦奮
鬥，是要為中國立心，為同胞立命，為文化繼絕學，為
萬世開太平。

我們是為勝利而生的，因此我們要放眼於反共復國
全程目標的實現，堅持著三民主義民主、自由、法治的
奮鬥，加強政治、經濟、社會、國防和基層建設，創造
蓬勃壯大的國家力量，形成勝兵先勝的機勢。

而更要人人努力參與實踐的，就是要消除足以腐蝕
社會或破壞團結的不良現象，提高居安思危的警覺，愛
惜能源物力，積極增加生產，同時能集中意志，擴大胸
襟，以互助為榮，以服務為樂，一切以大眾福祉為重，
以整體利益為先。

親愛的父老兄弟姊妹們！儘管在我們前進的路途
中，必將面臨許多更嚴酷的考驗，但是展望未來，我們
卻充滿信心。只要我們秉持國父遺教和先總統蔣公的遺
志，精誠團結，堅忍勇毅，樂觀奮鬥，自強不息，就一
定能接受任何考驗，克服任何困難，贏得反共復國的最
後勝利。

我們一齊高呼：復國建國勝利成功萬歲！三民主義

萬歲！中華民國萬歲！

1月2日　星期三

今日在府先後見維也納大學教授溫克勒、警備總司令汪敬煦。

1月3日　星期四

下午

主持中央工作會議。

今日在中央黨部見蔣秘書長彥士、文工會楚主任崧秋。

1月4日　星期五

今日在府見本府馬秘書長紀壯、中央銀行俞總裁國華。

下午

七時九分，偕同夫人至孝文先生寓所進晚餐。

1月5日　星期六

今日在府見行政院孫運璿、宋參謀總長長志、蔣秘書長彥士、黨史會秦主任委員孝儀。

1月6日　星期日

今日在大直寓所見秦主任委員孝儀、國家安全會議沈秘書長昌煥。

1月7日　星期一

今日在府見馬秘書長紀壯、秦主任委員孝儀、宋總長
長志。

下午

三時半，至圓山飯店理髮。

1月8日　星期二

上午

十時，主持財經會談，提示有關單位，要維護物價穩
定，激勵民間投資，保持經濟的安定與發展。並應充分
供應民生物資，使全體同胞過一個愉快的春節。

今日在府見馬秘書長紀壯、內政部邱部長創煥、中央政
策會趙秘書長自齊、汪總司令敬煦、蔣秘書長彥士。

下午

三時，攜孫女友梅至慈湖謁陵。

財經會談指示

一、在過去一年中，我們雖遭受外來政治、經濟的衝
　　擊，但我全體同胞均能「莊敬自強」努力奮發，故
　　能克服各項困難，保持相對的穩定與成長；惟本年
　　初國際政治與經濟情況，較之去年變化尤為強烈，
　　故如何克服今後各種困難，維護我國經濟之安定與
　　發展，尤待我工、農、商各界與全國同胞互助合

作，繼續努力。

二、油電價格調整後，國內一般物價尚能保持平穩，顯示全國同胞對於政府穩定物價政策的支持與努力。鑒於世界高度通貨膨脹情形將繼續存在，而石油價格亦將繼續上升，今後我國經濟尤應注重於物價的穩定，才能減低出口的成本，增加我出口產品的競爭能力。

三、為維護國內物價的穩定，除政府有關部門應加強有關穩定措施外，尚望業者健全經營體制，減低生產成本，提高生產效率，以增強因應能力。亦望消費大眾了解國內物資供應充分，共同合作，維持穩定。

四、今年國際經濟情勢展望，一時似難樂觀，為維持我國經濟的持續成長，政府及公營事業應準備於必要時加強公共投資計畫，以彌補民間投資之不足；同時為激勵民間投資，應即採取財經等配合措施。

五、農曆春節即將來臨，有關單位應即切實輔導工、農、商各界充分供應民生物資，以滿足市場季節性的需要；並希金融機構妥善調節信用，以支援工商界所必需之資金，使全體同胞過一個愉快的春節。

1月9日　星期三

上午

九時，主持中常會。從政策上核定行政院從政同志研提之「動員戡亂時期公職人員選舉罷免法」的立法要旨。會後，見中國時報董事長余紀忠。

十一時三十分，見臺省府主席林洋港。

今日曾見本府張副秘書長祖詒。

「動員戡亂時期公職人員選舉罷免法」
立法要旨

一、本法適用於中央及地方選舉。

二、規定選務機關的設立及選舉監察制度：在中央、省
　　及地方縣市設置超然常設性選舉委員會，負責選舉
　　事務和選舉監察工作。

三、規定候選人的積極資格與消極資格：取消候選人最
　　高年齡限制，縣市長最低年齡限制為三十歲，鄉鎮
　　長需年滿二十五歲，立法委員需二十三歲以上，監
　　察委員需三十五歲以上。勞工、農民、漁民團體公
　　職人員候選人，不限學歷。

四、規定有關競選活動之方式及限制：候選人政見發表
　　會分為公辦及自辦兩種，前半段舉辦自辦政見會，
　　後半段舉辦公辦政見會。自辦政見會不限次數，但
　　每場限二小時。助選員可以替候選人演講宣傳，但
　　不得越區或為二人以上候選人助選。公務員，警察
　　及學生不得參與助選活動。候選人及其助選員不得
　　有遊行等情事，或煽動民眾犯內亂罪、外患罪，或
　　破壞社會秩序等罪。

五、規定候選人之登記、撤回與撤銷。

六、規定投開票所監察員之推薦與指定

七、規定妨害選舉、罷免之處罰。

八、規定選舉、罷免訴訟：一審終結，但得提出再審之
　　訴，以一次為限，並應在三個月內審結。

九、其他有關規定：候選人應公布競選費用，並不得接
　　受外國法人、個人資助。

　　蔣經國主席決定：本案准予備案，由行政院從政同
志根據所提立法要點，並參考本日與會同志發表意見，
擬定草案送請立法院審議，由中央政策委員會協調立法
委員同志及早完成立法程序。

1 月 10 日　星期四
上午
十時，見軍方調職人員羅張等二十八人。

今日在府曾見新聞局宋局長楚瑜、馬秘書長紀壯、蔣秘
書長彥士、秦主任委員孝儀。

下午
五時，接見日前自美返國之作家陳若曦女士（由國策顧
問吳三連陪同晉見）。懇切詢問其旅美生活和寫作情
形，盼其到家鄉及各地參觀訪問，贈送中國歷史年表手
鈔本。談話約一個半小時。

1 月 11 日　星期五
九時，見阮成章。
九時二十分起，分別接見美國國會眾議員齊絲荷等及眾
議員傑佛瑞夫婦。

十時，主持安和會談。

十一時三十分，接見美國參議員班森夫婦暨眾議員布朗、羅斯洛以及聯合經濟委員會訪問團等十九人。

今日在府曾見沈秘書長昌煥。

下午

五時許，抵高雄市，首先參觀大統百貨公司，與群眾、店員等閒話家常。受到廣大群眾歡呼致意。隨後雇乘計程車，至圓山大飯店，參觀福特六和汽車公司的新車展示會，祝福大家新年發財。（計程車號為70-3890；駕駛人為高哲民）

今日去電致唁美國勞工領袖閔尼之喪。

1月12日　星期六
上午

九時，巡視高雄市政府，於聽取王玉雲市長之市政簡報後，曾對高市建設作了多項提示。並期勉高市全體公務人員，集中力量，建設高雄，達成「公僕負責盡職，國民安居樂業」的理想境界。（由孫院長、馬秘書長、瞿秘書長陪同）

十時三十分，參觀仁愛公園地下街。曾親駕電動車，繞行地下街的街道一週。

十一時，巡視高雄港務局。曾詢問興達港規劃情形及聽取紅毛港遷村辦理情況。

十一時五十五分，巡視小港區公所，提示加強防治空氣污染及都市綠化工作。

中午

抵達中船公司視察，與員工共進午餐後離去。

下午

二時四十分，返抵臺北。

八時五十四分，抵榮民總醫院作健康檢查。

1月13日　星期日

上午

十一時十五分，在榮總二樓放射線部進行檢查。（歷時約一小時四十分）

下午

四時十分，在榮總三樓作電腦斷層切片檢查。（歷時半小時）

1月14日　星期一

上午

九時三十分，至核子醫學部心臟科檢查。

九時五十二分，至耳鼻喉、眼科檢查。

十時四十分，至骨科檢查。

今日曾見馬秘書長紀壯、宋局長楚瑜。

1月15日　星期二

上午

八時二十四分，至圓山飯店理髮。

九時三十分，在府接見大韓民國國會代議長閔寬植、議員朴淑鉉等一行。曾就最近世局與彼等交換意見。

十時，主持軍事會談。

十一時三十分，在府再度接見旅美女作家陳若曦。

今日在府曾見孫院長運璿、蔣秘書長彥士。

1月16日　星期三

上午

九時，主持中常會。於聽取司法行政部部長李元簇所作工作報告後，要求各部門從政同志做好以下三件事：

（一）改進司法風氣；

（二）行政部門要切實整飭貪瀆；

（三）警察風氣續求革新。

十一時，住入榮民總醫院第六病房。

下午

二時半至五時十七分，在手術房進行攝護腺切除手術，實際手術過程不足一百分鐘，經過情形，極為良好。

1月17日　星期四

【無記載】

1 月 18 日　星期五
今日曾在榮總見秦主任委員孝儀。

1 月 19 日　星期六
下午

四時，在榮民總醫院病房接見來華訪問之美國國會參議員早川，就中美關係廣泛交換意見。晤談約三十分鐘。

今日曾見民航局長毛瀛初。

1 月 20 日　星期日
今日在榮民總醫院曾見蔣秘書長彥士、孫院長運璿、俞總裁國華、沈秘書長昌煥。

1 月 21 日　星期一
今日在榮民總醫院曾見司法院長黃少谷。

1 月 22 日　星期二
下午

四時，在榮民總醫院接見美國眾議院國際關係委員會亞太事務小組主席伍爾夫議員等一行七人，就中美關係的有關問題和他們共同交換意見，暢談了五十分鐘。

1 月 23 日　星期三
中央社臺北本日電稱，總統在答復義大利新紀事日報記者所提出之書面問題中提出，我有信心也有能力，足以

粉碎共匪陰謀。並指中美關係有增無減。

下午

五時，在榮民總醫院六病房會客室接見前美國大使安克志。

今日曾見三軍大學蔣校長緯國。

答復義大利新紀事日報國際特派員泰隆費拉提出書面問題

問：請問總統閣下，卡特政府與北平政權「關係正常化」後，臺北與華盛頓雙方關係的情況如何？
　　過去中華民國與美國存有政治、軍事及經濟上的密切聯繫。目前這種關係經過修正與限制，已非常態。且只有事實而非合法的地位。今後的中美關係是否將注定走向衰微？其對貴國安全防衛、未來及獨立自主各方面將有何影響？

答：中美兩國曾有長期的合作關係，雖然卡特政府於六十七年十二月間片面宣布與我國斷交，但兩國人民仍存有深厚的友誼與交往。過去一年來的事實證明，在經濟、文化等各方面的實質關係上，有增無減。今年兩國的貿易更有顯著的增加，我們的國力也正繼續茁壯，因此國防上我們有信心也有能力足以保衛本身的安全、自由與獨立。

問：在過去三十年中，臺灣已開創為一個「發展的典型」，鞏固了國家的經濟基礎與福祉。請問總統閣

　　下，中華民國即使被西方世界給予外交孤立的不公
　　平對待，此項成就是否仍能持續發展？

答：我們現行的經濟政策，是以謀求全民的利益為最
　　高目標，甚獲人民的支持。根據國際貨幣基金會今
　　年發表全球貿易數字全世界貿易大國的排名，我國
　　由六十六年的第廿五位躍居六十七年的第廿一位。
　　去年的貿易總額為二百卅七億美元。今年將超過
　　三百億美元。目前我們與一百四十多個國家有貿易
　　來往。外資流入的速度為歷年之冠。事實證明，我
　　們的發展仍將保持相當高的速度。我們希望自由世
　　界重視並珍惜自由企業制度在中華民國之成就。

問：臺灣為抵銷西方世界的孤立。而與掌握供應西方
　　能源的溫和派的阿拉伯國家增進邦交。請問總統閣
　　下，貴國在美國可能日漸疏離的情況下，可否從阿
　　拉伯方面獲得所需的支持？

答：中華民國與其他國家交往，一向秉持平等互惠的原
　　則，我們與溫和的阿拉伯國家有良好的傳統友誼，
　　雙方為人民謀福利的崇高目標。信仰宗教之虔誠及
　　維護人類的尊嚴是一致的。我們願意與世界上所有
　　愛好自由的國家來往。

問：國民黨的重要政策之一是強化政治及國家現代化以
　　對抗中共「聯合陣線」的迂迴戰略。請問所謂政治
　　現代化意義為何？是否是指國家的更趨向民主化？

答：中華民國立國六十八年迄今，一向就是一個獨立
　　自主的國家，奉行儒家道統的「仁愛」思想與國父
　　孫中山先生手創「倫理、民主、科學」的三民主義

思想。國家現代化的目標，是包括政治、經濟與社
會各方面的現代化，也就是要達成政治更民主，經
濟更繁榮，社會更安定，文化更光大的目標。政府
過去卅年來的努力，已將臺、澎、金、馬建設為一
個安和樂利的社會，目前努力的方向，是要把我們
在這裡所發展的生活模式和建設經驗，帶給大陸同
胞，作為重建中國的藍圖。

問：就地理位置而言，尤其是北平政權所推進的策略，
臺灣始終為共黨滲透的目標，請問貴國內部情形如
何？是否有外力煽動的顛覆份子存在？

答：中共掠奪我復興基地的陰謀活動，卅年來從未中
止。中華民國與共黨鬥爭具有五十多年的慘痛經
驗，中國人民深深了解共黨的殘暴統治與鬥爭伎
倆，我們有信心也有能力足以粉碎敵人所施展的
各種顛覆陰謀。今天中共又施展「和談」、「認
同」、「回歸」等統戰謀略，我們隨時揭發其陰
謀，使中共此種伎倆絕對無法得逞。

1月24日　星期四

公自本月十六日接受攝護腺切除手術後，康復情形非常
良好，乃於今日上午九時三十五分出院。行前並與各有
關醫師握手致謝。

1月25日　星期五

今日在大直寓所約見秦主任委員孝儀。

1 月 26 日　星期六

下午

七時,在大直寓所與夫人宴請孫院長運璿夫婦、馬秘書
長紀壯夫婦、俞總裁國華夫婦、趙主任委員聚鈺夫婦及
余博士南庚夫婦。

1 月 27 日　星期日

【無記載】

1 月 28 日　星期一

上午

九時四十五分,至圓山飯店理髮。

十時許,到府辦公。

1 月 29 日　星期二

上午

十時,主持財經會談,曾提示財經部門,提高農業單位
面積產量,積極解決地政問題;依法嚴辦假酒及多氯聯
苯危害人體案件,以及安定一般物價,使大家都能歡度
春節等事項。

財經會談提示

一、過去一年我們雖遭外來的重大衝擊,但由於全國上
　　下的共同奮發努力,終能保持相當的成長,今後應
　　在此穩固基礎上,公民營企業密切合作,謀求更進
　　一步的發展。

二、協助業者引進國外新技術、提高產品品質，製造高
　　級及新產品出口，以提高國際間競爭能力。

三、今年對農業問題應更加重視，促進農地的有效利
　　用，努力於育種的改進，以及農業機械化的有效推
　　行，來增加單位面積的產量，使成本降低，提高農
　　民的收益。

四、運銷系統為當前農業最弱的一環，應成立專案小
　　組，研究改進，以增進生產與消費者雙方的利益。

五、銀行業仍應繼續謀求改進，使資金能靈活運用，以
　　配合未來經濟發展的需要。

六、地政問題錯綜複雜，頗為各方所詬病，應就地政、
　　稅制、保留地諸問題，列為今年施政工作之重點，
　　研究具體解決途徑。

七、最近發生的假酒及多氯聯苯危害人體生命問題，本
　　人至表關切，主管機關應即徹查原因，追究責任，
　　依法嚴辦；並迅謀防範措施，保障人民生活安全，
　　避免此類事件再度發生。

八、農曆新年即將屆臨，有關機關應充分準備物資供
　　應，以安定一般物價，使大家都能歡度春節。

1月30日　星期三

上午

九時，主持中常會，聽取大陸工作會白萬祥之匪情
報告。

十一時四十五分，蒞臨臺北市政府巡視，指示李登輝市
長要多照顧貧苦的市民。並聽取李市長有關建國南北路

高架道路工程進行情形之報告。

今日在中央黨部曾見組工會副主任朱堅章、副祕書長王
文先、總政戰部王昇、旅美學人陳裕清、臺省府主席林
洋港、秘書長蔣彥士。

1 月 31 日　星期四

今日在大直寓所見外交部長朱撫松、國策顧問魏景蒙。

2月1日　星期五
今日在大直寓所見沈秘書長昌煥。

下午
臺省府主席林洋港在北迴鐵道通車典禮上轉達總統對全省同胞的幾點心意如次：
「這次我接受攝護腺手術，大家寫信給我，祝福我早日康復，並要我多休息療養，我非常感謝，請大家放心。今天北迴鐵路通車典禮，我因手術剛過，不能來花蓮和大家見面，以後一定要來看大家，向大家祝賀。
農民節快到了，我雖然不能親自訪問農家，但是我還是十分感謝農民終年為國辛勞。最近下雨了，解除了旱象，我很高興。
過年快到了，今年的物資豐富，銀根充裕，大家可以過一個幸福豐富的年。祝福大家春節快樂。」
此外並請林主席代向北迴鐵道全體施工人員致慰勉，也向東部民眾致賀意。

2月2日　星期六
【無記載】

2月3日　星期日
今日在大直寓所見秦主任委員孝儀。

2 月 4 日　星期一
上午

十時許，至圓山飯店理髮。

十時五十六分，至大同之家訪晤嚴前總統。

下午

四時，主持安和會談。

2 月 5 日　星期二
今日在大直寓所見蔣秘書長彥士。

2 月 6 日　星期三
上午

九時，主持中常會，於聽取經濟部長張光世之「能源情勢報告」後指示，節約能源，充裕能源，應有具體而有效之辦法。對於石油價格，應該以價制量，不可使中油與臺電作長期負擔，而影響其發展。至於石油探勘工作，則應鍥而不捨，繼續努力。

十一時三十分，在府約見美國總商會理事長萬安達與臺北美僑商會會長派克，前任會長溫嘉書。

今日在府曾見中華航空公司董事長司徒福、總經理張麟德。

2 月 7 日　星期四
今日在大直寓所約見海軍總司令鄒堅。

2月8日　星期五

上午

八時十九分，至圓山飯店理髮。

九時，在府內辦公室作除夕談話錄影。

十時，南非共和國新任駐華大使伏斯特至總統府晉見總統呈遞到任國書。

下午

三時四十分，至謝副總統寓所，祝賀其生日。

四時二十分，至榮總探望孫院長。

五時，至水晶大廈訪問葉資政公超。

今日在府曾見馬秘書長紀壯、朱部長撫松、張秘書長祖詒、俞總裁國華。

2月9日　星期六

今日在府見國策顧問汪道淵、糧食局長黃鏡峯、空軍總司令烏鉞、輔導會主任委員趙聚鈺、高部長魁元。

2月10日　星期日

今日在大直寓所先後見秦主任委員孝儀、蔣秘書長彥士。

2月11日　星期一

今日先後見馬秘書長、沈秘書長昌煥、聯勤王總司令多年、陸軍郝總司令柏村以及魏顧問景蒙。

2 月 12 日　星期二

上午

十時，主持財經會談，提示財經部門，為達成經濟成長目標，必須作多方面的努力。但政府以鉅大投資用於建設，如民間企業加以配合，則預期之成長目標仍不難達成。

今日在府曾見馬秘書長紀壯、高部長魁元、汪總司令敬煦。

下午

五時後，以電話分別向屏東、南縣、基市、南投、宜蘭等縣市首長詢問春耕、物價、民生等情形，祝福大家春節快樂。對住院期間民眾之懷念，並表示感謝之忱。

2 月 13 日　星期三

上午

九時，主持中常會，於聽取國貿局長邵學錕報告我國對外貿易概況後提示，應針對新的國際情勢，制訂新的國貿政策，繼續加強擴展對外貿易。

今日分別以電話向北縣、新竹、桃園、苗栗、中市、中縣、彰化、雲林、嘉義、南市、高縣、澎湖、花蓮及臺東等縣市長，詢問各地物價與民生必需品供應情況，並囑向民眾代轉祝福之至意。

今日在府曾見國策顧問吳三連。

2月14日　星期四
下午

四時三十分，以電話向高雄市長王玉雲詢問地方物價及
交通情形並祝賀市民春節愉快。

今日在府曾見汪顧問道淵、馬秘書長紀壯、蔣秘書長
彥士。

2月15日　星期五
上午

九時五十三分，至圓山飯店理髮。

十時三十三分，蒞臨臺北市政府，對李登輝市長主持市
政一年來的進步，表示欣慰。並期勉更加努力，使臺北
市成為更理想的城市。

十時三十分，由李市長陪同訪問迪化街商店、民家，並
順道參觀霞海城隍廟。

十一時三十七分，往李市長寓所探訪其家人。

下午

四時許，訪問孫院長寓所，未遇。

四時十分，訪晤王叔銘將軍。

五時三十分，訪晤徐煥昇將軍。

六時，至士林官邸，旋離去。

晚

向全國同胞發表除夕談話。

九時二十分，打電話給臺省府主席林洋港，表示對全省同胞的關懷和春節的祝福。

除夕談話

親愛的父老兄弟姐妹們：

恭喜！恭喜大家家家團圓，人人快樂！

前些日子，我動了一次小的手術，將近一個月沒有到各地走動，沒有和大家見面，對大家非常想念，所以今天我先要向大家問好。

我們在臺澎金馬的中國人，都過著喜氣洋洋，和樂融融的春節新年；但是我們一想到大陸同胞如在地獄的痛苦生活，想到世界上許多地方烽火連天、動亂不安，造成成千成萬餓殍載道的難民──越南、高棉、阿富汗的人民和大陸逃港難胞，飄泊海上，流離失所，真是慘不忍睹的人間浩劫，我們對他們無限同情。今天我們能夠過著這樣安定豐足的日子，實在來得不易，所以我們更加要堅強奮鬥，使世界得到真正的安定和平。

我們這種年年豐收、安和樂利的生活，是由於全體同胞辛勤努力、奮發向上，產生了一種精誠團結的和氣與自強不息的朝氣所形成的結果。講到和氣與朝氣，我們大家都會感到安慰、感到溫暖，因為我們國家凡是遭受到艱難的時刻，海內外同胞大家都緊密團結，把國家看得比自己生命還重要，出錢出力，流血流汗，和政府一心一意，共同奮鬥，「人之愛國，誰不如我」，這種

和氣與朝氣，實在令人感動。

　　親愛的父老兄弟姊妹們！政府的施政，總是覺得做得還不夠好，還是有許多的缺點和錯失，但是我可以向大家保證，政府辦事，沒有一件不是為同胞著想的。比方就大的一方面來說，上年我們完成了十項重要建設，接著就推動十二項經濟建設。就小的一方面來說，比方收購稻穀，使農民收益不受影響；採取措施，使勞工、漁民大眾的負擔減輕，撥款兩百多億，辦理地方性的基本建設，使各地區的同胞的日常生活可以得到方便和照顧；民間一有災害發生，一定盡力儘快來救濟。談到這些事，並不是要為政府宣揚，而是要使同胞更進一步瞭解政府的苦心，瞭解同胞和政府就是一家人，而更加支持政府的施政，因為支持政府的施政，就是為同胞自己謀福利。

　　今天我們國家強過於他人的，就是政府同仁都能以誠摯負責的精神和一切為民的態度來辦事，而全國同胞又都能切實信任政府，支持政府，所以我們大家之間，沒有私心而形成隔閡，沒有偏見而多所責難。今後只要我們造成一團和氣，化戾氣為祥和，煥發民族的朝氣而萬象更新，就一定可以自求多福，中興復國。

　　我今天以樂觀奮鬥的態度和不斷努力的精神，赤誠的祝福，希望新的一年，為大家帶來新的幸福。

　　現在我要向親愛的同胞們拜個早年，祝福我們每一個家庭的家運興旺，我們國家的國運昌隆！

2 月 16 日　星期六　春節
今日在大直寓所曾約見汪顧問道淵。

2 月 17 日　星期日
下午
四時後，訪問陳立夫資政、何應欽將軍、劉安祺將軍，
均未遇。
四時四十四分，訪晤張羣資政。
五時三分，至士林官邸。
五時二十五分，訪晤嚴前總統。
五時四十五分，訪陳夫人譚祥女士，未遇。
五時五十二分，訪黃少谷院長，未遇。
八時，巡視衛戍師。

2 月 18 日　星期一
今日在大直寓所約見蔣秘書長彥士。

下午
四時三十五分，與夫人蒞孝文公子寓所。
五時十五分，蒞孝武公子寓所，未遇。
五時三十二分，蒞孝勇公子寓所，未遇。

2 月 19 日　星期二
上午
十時，主持軍事會談。

今日在府曾先後見謝副總統、劉局長昰、孫院長運璿、汪顧問道淵、馬秘書長紀壯、張副秘書長祖詒。

2月20日　星期三

上午

九時，主持中常會，曾在會中祝全國同胞與全黨同志新春快樂，希望大家在未來的歲月中，更加團結奮發，為實現統一的三民主義新中國而努力。又在聽取文化工作會主任楚崧秋的工作報告後，指出文宣工作過去一年雖有進步，今後仍應在充實人力、財力及集中智慧等方面續謀加強，以求取更大的進步。

今日曾見馬秘書長紀壯、汪顧問道淵、沈秘書長昌煥、中央黨部陳副秘書長履安、秦主任委員孝儀。

2月21日　星期四

上午

十時，在府見軍方調職人員張儒和等二十九人。
十時三十分，見憲兵同志三人——高雄出力人員。

下午

四時二十五分，至榮總六病房探視夫人。

今日在府曾見馬秘書長紀壯、高部長魁元、蔣秘書長彥士、馬副總長安瀾、汪顧問道淵、黃院長少谷、張副秘書長祖詒、宋局長楚瑜。

2 月 22 日　星期五

上午

十時，主持安和會談。

下午

四時，訪晤陳立夫資政。

五時二十二分，至榮總六病房探視夫人。

今日在府曾見中山大學籌備主任李煥、馬秘書長紀壯、臺北市長李登輝。

2 月 23 日　星期六

今日在府先後見蔣秘書長彥士、江顧問道淵、宋局長楚瑜、楚主任崧秋、馬秘書長紀壯、魏顧問景蒙、秦主任委員孝儀。

下午

四時十九分，至榮總六病房探視夫人。

2 月 24 日　星期日

今日在大直寓所曾先後見省黨部宋主任委員時選、倪院長文亞、俞總裁國華、蔣秘書長彥士。

下午

四時十分，至榮總六病房探視夫人。

五時三分，訪晤倪院長文亞於其寓所。

五時五十分，訪晤俞總裁國華於其寓所。

2月25日　星期一
上午
八時二十五分，至圓山飯店理髮。

十時，主持國父紀念月會，由經濟部長張光世在會中作當前我國能源情勢報告。

十時四十分，聽取總預算簡報。

今日在府曾見馬秘書長紀壯、組工會梁主任孝煌、中國時報余董事長紀忠、司法行政部李部長元簇、汪顧問道淵。

下午
六時五十四分，至榮總六病房探視夫人。

2月26日　星期二
今日在府曾先後見汪顧問道淵、馬秘書長紀壯、蔣秘書長彥士。

下午
六時五十分，至榮總六病房探視夫人。

2月27日　星期三
上午
九時，主持中常會，聽取工業局長虞德麟所提「工業結

構變化與今後發展之策略」報告後有所提示。

今日在黨部曾見宋局長楚瑜、政策會關副祕書長中、蔣祕書長彥士。

下午

四時，在府見菸酒公賣局長吳伯雄。

五時，見高魁元、馬紀壯、汪敬煦、王永樹、阮成章、孔令晟等。

七時五分，至榮總六病房探視夫人。

2 月 28 日　星期四

今日在府曾約見外交部錢次長復、本局第二局羅局長漢清、亞東關係協會馬代表樹禮、馬祕書長紀壯、沈顧問之岳、蔣祕書長彥士、汪顧問道淵、汪總司令敬煦、孫院長運璿、黃院長少谷等。

下午

四時，約見文藝界人士：陳紀瀅、林海音、殷張蘭熙、侯健、鍾肇政、姚朋、嚴停雲、張曉風、林懷民等，聆聽彼等熱烈發言後表示，對彼等意見十分重視，將研究協助解決。今後如何充實國民精神食糧，激勵人人愛國奮發，期望文藝界人士，作更大更多的努力。

七時三十分，至榮總急診室探視孫女公子友梅。隨後至六病房探視夫人。

2月29日　星期五

今日在府約見孫院長運璿、蔣秘書長彥士、馬秘書長紀
壯、高部長魁元、汪總司令敬煦、安全局王局長永樹、
司調局阮局長成章、孔署長令晟、汪顧問道淵、沈秘書
長昌煥、總政戰部王主任昇、宋局長楚瑜。

3月1日　星期六

上午

九時二十分，至慈湖謁陵。

3月2日　星期日

今日在大直寓所約見蔣秘書長彥士、孔署長令晟、汪顧問道淵、沈秘書長昌煥。

3月3日　星期一

上午

十時五十分，至圓山飯店理髮。

在府見馬秘書長紀壯。

下午

三時三十分，見孔令晟。

四時起，見前燕大校長梅貽寶、前中山大學教授謝扶雅、石顧問覺、駐宏都拉斯于大使彭、駐東加王國高大使錚、一局朱專門委員培垔、沈顧問之岳、俞總裁國華。

五時，見倪文亞。

3月4日　星期二

上午

十時半，見谷正綱。

十一時，見張寶樹。

下午

四時半，見余紀忠。

五時，見宋長志、郝柏村、陳堅高（作戰次長）。

五時半，見連震東。

五時四十五分，見張其昀。

另約見高部長魁元、馬秘書長紀壯、蔣秘書長彥士。

今日敦聘谷正綱、連震東、張其昀、張寶樹為總統府資
政，以備國家之諮詢。

3月5日　星期三

上午

九時，主持國家安全會議。討論行政院擬送之「七十年
度各級收支概況及中央政府總預算案歲入歲出核計情形
報告」並指示行政部門執行預算應盡量節約，提高績
效，並繼續運用租稅政策，縮小貧富差距。

十一時三十分，接見諾貝爾獎金化學獎得獎人布朗教授
夫婦。

十一時四十五分，接見奧地利國家科學院院長洪格夫
婦及秘書長石德樂夫婦等，並各贈以「The Republic of
China is on the Move」一冊。

今日在府曾見馬秘書長紀壯、宋局長楚瑜、俞總裁國
華、朱部長撫松、蔣秘書長彥士。

下午

四時，主持財經會談，指示財經首長應全盤研究農業問題，購儲物資，穩定物價，並保持經濟的穩定成長。

財經會談指示

一、今年一、二月國內經濟情況，雖較預期為佳，但未來的情況，可能較過去更為困難，我們應繼續不斷努力，在堅苦中奮鬥，把握時機，調整措施來克服困難，以保持經濟穩定的成長。

二、農業在未來經濟發展中，仍居於重要地位，應從農地改革、糧食、毛豬等重要農產品的生產及肥料、農藥等的供應，以及運銷制度等做全盤的研究改進，使農業能不斷的進步。

三、工業愈發達，勞工問題愈見重要，今後應對勞工的培養、分配及勞工福利等方面，研究其改進途徑，以及教育應如何與未來經濟發展需要相配合，希及早研究策劃。

四、穩定物價應為我政府今後的重要目標，對於大宗物資的採購與儲存，望及早策劃辦理，以減少對我們不利之影響。

3月6日　星期四

今日在府見馬秘書長紀壯、臺省黨部主委宋時選、蔣秘書長彥士。

3月7日　星期五

今日在府先後見謝副總統、沈秘書長昌煥、汪顧問道淵、宋局長楚瑜、丁考試委員中江、蔣秘書長彥士、關副秘書長中、馬秘書長紀壯、嚴前總統、孫院長運璿、黃院長少谷、朱部長撫松、楚主任崧秋。

下午

八時三十分，於大直寓所見嚴前總統、孫院長運璿、黃院長少谷、蔣秘書長彥士、沈秘書長昌煥、馬秘書長紀壯、朱部長撫松。

3月8日　星期六

上午

九時三十分，在府接見美國氰胺公司董事長艾佛立等。

十時，親自頒給孫院長運璿一等景星勳章。隨後見朱撫松、宋長志。

今日另約見秦主任委員孝儀、李部長元簇、汪顧問道淵、蔣秘書長彥士、馬秘書長紀壯。

3月9日　星期日

上午

九時五十九分，至圓山飯店理髮。

十時四十分，親至中山堂祝賀王資政世杰九十壽辰。

十時五十分，訪晤孫院長運璿於其寓所。

十一時三十分，在士林官邸約見秦主任委員孝儀。

下午

行政院長孫運璿啟程赴南非、馬那威、賴索托、史瓦濟
蘭等四國訪問，總統以致該四國元首函囑其轉致。

今日在大直寓所約見蔣秘書長彥士。

3 月 10 日　星期一

今日在府見高部長魁元、汪顧問道淵、錢次長復、汪總
司令敬煦、秦主委孝儀、俞總裁國華、馬秘書長紀壯、
王顧問任遠、鄭顧問彥棻、蔣秘書長彥士、魏顧問
景蒙。

3 月 11 日　星期二

上午

十時，主持軍事會談。

會後，見王多年。

今日在府見第二局局長王徵麟、秦主任委員孝儀。

下午

五時三十分，接見玻利維亞眾議院議長余卡拉等人。

六時三十分，在臺北賓館接見泰國巴博，隨後並以晚餐
款待。

今日致電唁慰張發奎夫人，對張發奎將軍之逝世，表示
愴悼。（張發奎將軍昨日在港病逝）

3月12日　星期三

上午

八時許，在陽明山公園植龍柏一株，以紀念國父逝世及植樹節。

九時，主持中常會，在聽取有關中共匪黨「十一屆五中全會」開會情形之報告後指出，共匪危機愈嚴重，則愈凶險，它必將使用各種陰謀手段，來分化我們團結，動搖我們基地，期望全黨同志，必須提高警覺，加強團結，盡心竭力，積極建設，達成復國建國的使命。

今日在黨部見秦主任委員孝儀、馬秘書長紀壯、蔣秘書長彥士、政策會關副秘書長中。

下午

六時十分，在大直寓所約見秦主任委員孝儀、王主任昇。

3月13日　星期四

十時起，見軍方調職人員狄壬芳等五人。

十一時，見立法委員吳基福。

十一時十五分，見魏鏞。

今日在府另約見高部長魁元、汪總司令敬煦、沈秘書長昌煥、秦主任委員孝儀、馬秘書長紀壯、蔣秘書長彥士、楚主任崧秋、汪顧問道淵、張副秘書長祖詒、東吳大學端木校長愷。

3 月 14 日　星期五

今日在府見沈秘書長昌煥、汪顧問道淵、馬秘書長紀壯、蔣秘書長彥士、楚主任崧秋。

下午

九時十分，在大直寓所約見宋主任委員時選。

3 月 15 日　星期六

上午

十一時，在府見巴拉圭駐華大使安林格。

十一時二十分，見臺肥公司董事長黃福壽。

十一時三十分，見前駐哥倫比亞大使沈錡。

今日另約見高部長魁元、朱部長撫松、刑事警察局曹局長極、馬秘書長紀壯。

3 月 16 日　星期日

上午

九時三十分，自臺北乘機飛花蓮。

十時二十五分，蒞臨花蓮港務局，聽取花蓮港擴建工程報告。隨後特乘拖船至外港巡視。

十一時四十分，至吉安鄉訪問農家劉清龍，詳詢農家生活。

中午

至南華大陸麵店用午餐。

下午

一時廿五分，參觀本省道教勝地慈惠堂總堂。

二時後，訪問花蓮榮民之家及長壽俱樂部。

二時三十分，巡視花蓮新站，指示臺灣鐵路管理局長范
銳，在花蓮新站立碑紀念因興建北迴鐵路殉職之二十五
位工程人員，悼念他們的功績。

二時四十分，乘北迴鐵路莒光號快車北返。

3月17日　星期一

上午

九時三十分，抵達國立臺灣師範大學，詢問工教系學生
在畢業旅行中發生車禍處理情形，指示要盡最大努力做
好善後事宜。並要求師大校長郭為藩代向遇難學生之家
屬，表達慰問之意。

今日在府曾先後見宋局長楚瑜、馬秘書長紀壯、高部長
魁元、朱部長撫松、沈秘書長昌煥、謝副總統、俞總裁
國華、汪顧問道淵。

3月18日　星期二

上午

十時，在府主持財經會談，指示：

（一）應研究美國新經濟措施，俾便採取對策。

（二）獎勵推動精密工業。

（三）加速推行農地重劃工作。

（四）支助農民住宅的改善與更新。

（五）防止日趨嚴重之空氣與水污染問題。
（六）早日策劃以煤代替石油之途徑。
（七）指派專家研究繼續縮小所得之差距。
（八）研究物價上漲之因素，預作防範措施。

中午
十二時三十分，在大直寓所見秦主任委員孝儀。

今日在府曾見蔣秘書長彥士、朱部長撫松、華航張總經
理麟德、馬秘書長紀壯、高部長魁元、汪顧問道淵、孔
署長令晟、宋局長楚瑜、秦主任委員孝儀。

財經會談指示
一、應對美國政府最近所採新經濟措施深入研究，並分
　　析其對我國經濟之可能影響，俾便採取因應對策。
二、為因應未來國際市場激烈競爭，奠定我國對外貿易
　　基礎，建立高級及精密工業，已訂為我工業發展之
　　既定方向，對於應採之獎勵措施，希速研究推動。
三、為改善農業生產，便利機械化進行，農地重劃工作
　　應加速推行。
四、為改善國民住的問題，除國民住宅應積極按照計劃
　　推進外，政府應支助農民住宅的改善與更新，以改
　　善農民居住的環境。
五、由於工廠普遍設立，空氣及水污染問題日趨嚴重，
　　希能密切注意，並作為重要的行政措施之一。
六、石油供應的短缺將是長期問題，以煤代替石油為必

經之途徑，應早日策劃，如卸裝設備的增加、儲藏
地方的安排等，以利此項計劃的順利進行。

七、應指派專家研究我國經濟發展過程中，可能造成貧
富差距擴大的因素，俾便及早採取措施，使我國所
得差距能繼續縮小。

八、物價的波動是世界性問題，但維持國內物價的穩
定，仍為我國今後的目標，應研究估測未來可能影
響物價上升的各項因素，俾便事先採取防範措施，
使物價波動幅度可以減少。

3月19日　星期三

上午

九時，主持中常會，於聽取教育部長朱匯森之「一年來
的科學技術教育」報告後，指示該部今後應加強科學教
育的投資，重視人才的吸收，建立完整的科學教育體
系，並注意兒童科學興趣的培養。同時應對當前科學教
育設備之不夠新穎，研究材料之費用不夠充裕，教師編
制之限制，技術人員之缺乏等缺點，予以改進。

今日在府曾見黃院長少谷、馬秘書長紀壯、汪顧問道
淵、觀光局朱局長國勳、國防部聯二四處趙處長效曾、
駐美胡副代表旭光、高部長魁元、蔣秘書長彥士、宋局
長楚瑜、考試院劉院長季洪。

3月20日　星期四

今日在府見蔣秘書長彥士、馬秘書長紀壯、汪顧問道

淵、張副秘書長祖詒、俞總裁國華、秦主任委員孝儀、
沈秘書長昌煥、宋局長楚瑜、國防部馬副總長安瀾。

3 月 21 日　星期五

上午

九時二十分，至三軍總醫院探視俞資政大維。

今日在府見馬秘書長紀壯、馮參軍長啟聰、汪顧問道
淵、朱部長撫松、秦主任委員孝儀、魏顧問景蒙、汪總
司令敬煦。

下午

六時四十五分，與夫人參加孫女友梅生日晚宴。

3 月 22 日　星期六

上午

在府見馬秘書長紀壯、總政戰部王主任昇、輔導會趙主
任委員聚鈺、馬副總長安瀾、國防部陳作戰次長堅高。

下午

二時五十分，巡視行將落成的中正紀念堂，對工程進度
及公園設計與特色表示滿意。
三時二十分許，轉往建國南北路，視察北市最長最大的
高架大道興建工程。
三時半，續到興隆路二段察看該路施工情形。
隨後到內湖中央民意代表住宅區及外雙溪中央公教住宅

區察看訪問。回程時訪晤張大千先生於其寓所，停留約
二十分鐘離去。

3月23日　星期日
下午

三時半，在大直寓所約見汪顧問道淵。

四時十四分，約見宋局長楚瑜。

五時，約見孫院長運璿。

八時，約見蔣秘書長彥士。

3月24日　星期一
上午

九時十五分，至圓山飯店理髮。

今日在府見汪顧問道淵、高部長魁元、宋總長長志、馬
秘書長紀壯、李政務委員國鼎、沈秘書長昌煥、秦主任
委員孝儀。

3月25日　星期二
上午

十時，主持軍事會談。

今日在府曾見蔣秘書長彥士、張副秘書長祖詒、胡副代
表旭光、聯勤王總司令多年、宋總長長志、汪顧問道
淵、馬秘書長紀壯、司法行政部李部長元簇、黃院長少
谷、蔣校長緯國。

3 月 26 日　星期三

上午

九時，主持中常會，通過七十年度中央政府總預算案，
並決定舉行黨政關係談話會，協調立委同志如期完成立
法程序。

此外並通過「內政部組織法修正草案」，其要旨為：

（一）設置職業訓練局，

（二）原有營建司擴編為營建署。

會後，見林主席洋港。

今日在府曾見汪顧問道淵、張副秘書長祖詒、宋局長楚
瑜、馬秘書長紀壯、臺省黨部宋主任委員時選、蔣秘書
長彥士、宋總長長志。

下午

八時，在大直寓所約見汪總司令敬煦。

3 月 27 日　星期四

今日在府先後見汪顧問道淵、馬秘書長紀壯、倪院長
文亞、謝副總統、孫院長運璿、宋主任時選、蔣秘書長
彥士。

3 月 28 日　星期五

上午

九時三十分，在府接見韓國國會議員兼國務院第一無任
所長官金龍泰，曾向其表示中韓兩國團結奮鬥，必能達

成共同的復國建國目標。

十時，主持國父紀念月會，由輔導會主任委員趙聚鈺，
在會中報告國軍退除役官兵輔導事業發展概況。

今日在府曾見李部長元簇、魏顧問景蒙、臺南市蘇市長
南成、宋局長楚瑜、沈秘書長昌煥、汪顧問道淵、蔣秘
書長彥士、汪總司令敬煦。

下午

四時三十分，在府內大禮堂以茶會款待青年代表、
六十九年青年獎章得獎人、第八屆十大傑出女青年等
一百九十餘人，並殷切勉勵全國青年，要肩負起國家興
亡的重任，堂堂正正做天地間第一等事，為天地間第一
等人，來作一連串戰鬥中創造新中國的主流。

六時七分，巡視中正紀念堂。

接見全國青年代表致詞

親愛的青年朋友們：

　　今天，在民國六十九年青年節的前夕，和各位青年
朋友見面，感到十分高興；尤其看到我們青年們力求上
進、欣欣向榮的情形，內心實在安慰。因為我們在海內
海外的青年們，無論在學術科技研究、創造發展事業、
服務社會軍中……的任何一方面，都有卓越的成就，而
且愛國的熱誠、服務的精神、無止境的追求知能，成為
了現代中華青年的特徵，尤其是每當國家艱危的時刻，
青年們那種國存我存、精誠團結的民族精神和行動的表

現，沒有人不感動，沒有人不讚揚。所以我常以為，現代的中華青年，決不會是徬徨的一代、無根的一代，而正是我們國家民族朝氣蓬勃、正義伸張、充滿新希望新生命的一代。

大家都知道，今天我們國家民族面臨著最艱難的形勢，這種艱難的形勢，可說是革命建國以來的嚴重關頭。我們只有操持堅確的原則、堅定的信心和堅忍的毅力，才能創造扭轉艱難的機勢；而且也只有國民團結的「合成心力」，才能克服萬難的危機，而重要的是要我們青年的一代，都有清清白白的辨別，切切實實的體認：

——政府是在最艱難的局勢中，盡最大的力量，謀全民的最大利益和幸福，因此政府一切作為，都是放在民眾利益之上；而人人更和政府血肉相連。

——政府排除萬難，實現三民主義的國家建設，無論民主憲政體制中的政治參與、選賢與能；民生經濟體制中的重要建設和基層建設；普及教育體制中的各級教育、各種教育和文化建設；都在一步一步的推展，都在一天一天的邁進開發國家之林，而人人更和政府齊心協力。

——政府深惡痛絕大陸共匪以青年為工具、為手段、為奴役的行徑。而我們是以青年為國家民族綿延繼盛的希望之所託，所以一切以青年為本位、為目標、為愛護教養的對象，要以愛心和耐心來輔導青年，以整體的計畫和良好的設施，來教育培植青年，同時要讓青年們有自由的、合理的、溫暖的環境，

能夠適應個性，自由發展，同時配合國家建設的需
要，使青年們都能以學識智能，貢獻於國家社會。
因為政府和青年人人也就如同一家人。

青年朋友們，我每次看到許許多多海內外青年在各
個不同的崗位上，有的刻苦學習，有的流血流汗，有的
犧牲服務，有的捨己救人，有的盡忠盡孝，這真是中華
文化美德的陶冶，是偉大民族精神的傳承，是我們國家
民族復興必勝必成的信心的源泉和保證。

今天我要向各位講到的，就是「教育國之本」，所
以今後政府一方面將會要以更完整的教育體系、訓練計
畫和更多的經費預算，來加強學校教育、社會教育、職
業教育、科技教育和特殊教育，來使我們的教育、文化
建設和政治建設、經濟建設、國家建設、社會建設，都
可以全張並舉、齊頭並進。另一方面就是在今天這樣一
個嚴重的艱難時際，青年們更要有理性、有氣概、有志
節，明是非、辨善惡，昂起頭來、挺起胸來，正視環境
的險惡，發揮道德的勇氣，堅持正義的主張，廓清社會
的邪惡，消除戾氣，導致祥和，來共同建設國家社會的
光明面。

再過一個星期，就是四月四日，是我們先總統蔣公
逝世五週年紀念日，海內外同胞獻建的中正紀念堂，也
在這天落成。這是我們海內外同胞對先總統蔣公一生為
國家為人類幸福和平而奮鬥的永恆懷念。

今天我們中華青年們自然而然的會想到先總統蔣公
生前對於青年們的慈祥愛護，尤其會想到他老人家對我
們青年們偉大的啟示和勉勵的話：「今日的青年，肩負

了國家興亡的重任，面對著千載一時的大時代，真應該
堂堂正正的做天地間第一等事，為天地間第一等人。」
「做一連串戰鬥中創造新中國的主流。」今天，在這
重要的奮鬥歷程，更是我們青年們懍於國家興亡青年
有責的時刻，我們必須人人有此志，有此心，有此行
動，「堂堂正正的做天地間第一等事，為天地間第一等
人」，「來做一連串戰鬥中創造新中國的主流」。

　　青年朋友們！我們一齊努力、一齊勝利、一齊成
功！祝全國青年們身體健康、事業成功、新的一代一定
能夠完成歷史的光輝任務。

3 月 29 日　星期六

上午
八時十二分，至天母何一級上將應欽寓所祝賀其生日。
八時廿九分，至圓山飯店理髮。
九時二分，至士林官邸。
十時，至圓山忠烈祠主持春祭革命先烈典禮。
十時廿九分，由馬秘書長、汪顧問、宋總長陪同，飛往
金門。

下午
三時四十五分起，先後巡視田埔水庫、三一九師步二營
第一連、田埔吳宅、金門林務所、地下英雄館、地下醫
院、古崗湖等處。
六時五十四分至八時十分，在山外山東酒樓晚餐。
八時十八分，巡視太湖。

3月30日　星期日
上午

七時廿六分，在擎天峯與師長以上幹部共進早餐。

中午

十二時許，在擎天峯午餐。

十二時四十分，由金門飛返臺北。

下午

五時四十四分，在大直寓所約見秦主任委員孝儀。

3月31日　星期一
上午

十時，接見旅美學人、美國王安電腦公司董事長王安博士，垂詢其在新竹工業園區投資計畫；及該公司在美國營運情形甚詳。晤談約二十分鐘。

下午

三時半許，至榮總第二門診大樓六樓眼科檢診。

今日在府曾見汪顧問道淵、蔣秘書長彥士、孫院長運璿、朱部長撫松、馬秘書長紀壯、秦主任委員孝儀、汪總司令敬煦。

4月1日　星期二

上午

十時，主持財經會談。指示財經部門，協助工商界，增
強其對外競爭能力；充分供應工業所需的電力，應及早
籌劃；儘早採購民生日用物資，俾保持充裕的存量；全
盤檢討農產品之保證價格，以保障農民的利益等。

下午

三時八分，至天母訪晤陳立夫先生。

今日在府曾見馬秘書長紀壯、張副秘書長祖詒、趙主任
委員聚鈺、陳資政立夫、宋總長長志。

財經會談指示

一、財經兩部應相互配合，多為工商界服務，並為他們
　　解決困難，以增強其對外競爭能力。

二、電力建設為配合未來長期經濟發展的需要，應早為
　　籌劃，使能充分供應工業所需的電力。

三、對於民生日用物資包括黃豆、玉米及小麥等，應儘
　　早採購，並利用期貨交易，以保持充裕的存量及維
　　持價格的穩定。

四、興建國民住宅所遭遇的困難，各方應密切配合設法
　　解決，務使能照預定計畫切實推進，俾解決國民住
　　宅問題。

五、地方基層建設：應特別注意工程的堅固性及永久
　　性，防止偷工減料的情事發生。

六、對農產品保證價格，應作全盤性檢討，務使農民獲
　　得合理的利益，保障農民的收益。

4月2日　星期三
上午

九時，主持中常會。

十一時三十分，約見內政部長邱創煥，指示對各礦場之
安全設施及應變計畫應積極加強督導管理，並追究永安
煤礦災變責任。

下午

二時半，蒞臨瑞芳永安煤礦，巡視災變現場，慰問受難
礦工家屬，並指示有關單位繼續搶救被困之三十四名礦
工，以及妥善辦理撫卹。

二時五十五分，巡視瑞芳鎮公所，再指示全力搶救及照
顧遺族。

三時四十分，巡視基隆市政府。

四時許，由陳正雄市長陪同，先後巡視安樂國宅二期社
區及新山水庫供水情形。

五時廿九分，巡視中正紀念堂。

今日在大直寓所曾約見秦主任委員孝儀。

4月3日　星期四
上午

九時三十分，見巴拿馬駐華大使席艾洛。

九時四十五分，見賴索托交通部長斐特。

十時，見多明尼加參議院外交委員會主席柯美斯。

十時三十分，見劉馨敵、唐京軒、陸以正。

十一時十五分，聽取中正紀念堂落成典禮簡報。

今日另約見張顧問寶樹、馬秘書長紀壯、宋總長長志、青工會張主任豫生、汪顧問道淵。

下午

六時五十六分，在圓山飯店以晚餐款待魏德邁夫婦，由蔣緯國將軍作陪。

今日在先總統蔣公逝世五週年紀念的前夕，發表「回顧苦難而充滿希望的五年」專文，勉勵國人，創造充滿希望的新時代。

回顧苦難而充滿希望的五年

五年以前，民族掃墓節之夜，突然震雷驟雨，天地異色，象徵著中華民族發生了驚天動地的大故，先總統蔣公，就在那個時刻離開了我們，海內外同胞，爆發出強烈的悲慟，久久不能平復，此情此景，歷歷如在目前！

當時，不但是全民銜哀奮勵，也正是世界局勢迅速變化的當口——中南半島幾乎立即完全淪於赤化，亞太地區好些國家被認為會跟著岌岌可危；而世界性的經濟危機，又再三衝擊，以致國際社會，都感到手足失措，

甚至不惜自降國格，開門揖盜。在此一千八百多個日子裡，我們國家所遭受的衝擊，所面臨的苦難，自然遠比任何國家沉痛嚴重！可是在先總統蔣公「莊敬自強」、「慎謀能斷」的遺訓啟導之下，儘管世人紛紜自擾，我們仍能「處變不驚」；也不管世人如何混亂迷失，我們一樣「慎固安重」，所以當中南半島土崩魚爛的時候，中華民國不但砥柱中流，而且還消除了鄰近國家的惶惑不安；當世界經濟接連爆發危機的時候，由於我們一齊致力於國家基本建設，不但阻止了不景氣的趨勢，還保持著經濟的繼續成長；當美國背信毀約，承認共匪的時候，大家固然恥痛切心，但一樣無畏無懼，團結奮起；這苦難而又充滿著希望的五年，擺在世人面前，無論對於我們，是驚訝，是讚嘆，或是猜忌、詆毀；一個不能否定的事實，就是證明了我們的民族，知恥發憤，不容輕侮！證明了我們的國家，堅持原則，無人可以搖撼！更證明了我全體同胞，不論環境如何辛苦艱難，也不論敵人如何不斷的給予我們以刺激、困擾、詭謀、挑戰，大家一心一德，苦撐堅忍，從不氣浮心動，所以力足以突破一切險阻橫逆，堅持向國民革命的總目標前進。

因此，本來低估我們的國際人士，懷疑中華民國何以能夠愈挫愈奮？我們的答復是：這應該歸功於磅礴的「民族定力」！

這種「民族定力」，是孕育自深厚的民族情感，淵源於久遠的民族文化的；而民族情感和民族文化的體現，就是以「仁愛」為出發點的民族精神！

大家都知道：國父的三民主義國民革命，是上承

堯、舜、禹、湯、文、武、周公、孔子的一貫道統，是
中華文化的再集大成；先總統蔣公繼往開來，也就是以
實現三民主義、發揚中華文化為己任。國父說：「我們
為愛人類而革命」，先總統蔣公也肯定：「革命的本務
在行仁」。所以「國民革命」，是團結海內外志士仁
人，以道義仁愛相感應。而且由於民族定力的昇華，愈
經艱難，就愈見團結，愈是頓挫，一定愈勵堅貞。

我們民族文化中政治哲學的淵深和至誠，是遠超過
於今天一般人所說的人權主義的。國父一生，無所不
容，亦無所不恕，他只有在革命與叛逆之間，絕對不容
假借，先總統蔣公一生「我無政敵」，而且「不是敵
人，就是同志」，他也只有在大是大非之間，絕對不容
混淆。孔子說：「道二，仁與不仁而已矣！」當前，反
共復國大業，就正是一場「仁與不仁」的生死決鬥，大
家不妨想一想；大陸同胞劃地為牢的奴役生活，和越南
難民椎心泣血的海上漂流，對任何有血性的人，都是一
種沉重的精神責任。今天，我們如果不能和敵人劃清
「仁與不仁」的界限，如果不能堅持「以至仁伐至不
仁」的立場，那末，就必然要被敵人利用「仇恨」來取
代「仁愛」，甚至假借「人權」來殘賊「人性」，連根
拔起我們國家民族的命脈。大家也不妨再想一想：共匪
有過一時一刻，放棄過它所謂「解放」和「統一」的企
圖嗎？它的「解放」、「統一」，是什麼意思？是拆散
家庭，禁治產業，出門要路條，吃飯要糧票，穿衣要布
票，是要把千千萬萬的人，改造成千千萬萬終年蒙上眼
罩，為他流血流汗永無休止的奴隸牛馬，而「統一」於

它的箝制恐怖之下。大家更不妨再想一想，共匪挑撥分
化滲透顛覆的伎倆，如果有一分半分潛藏在大家的身
邊，充當災禍的雷管引信，那末自由樂土的安和生活還
能夠保持嗎？中華民族的歷史文化還能夠延續嗎？

　　「以至仁伐至不仁」，也就是以「仁愛」消滅「仇
恨」的使命，是要每一個人共同起來擔負的。因為凡是
製造「仇恨」的行為，不論它的動機如何，其結果，必
然會被共匪利用為扼制仁愛的殺手，利用為摧毀大眾安
寧、製造社會暴行的凶器。所以大家必須在是與非、愛
與恨、善與惡、革命與叛逆之間；清清明明的辨別，不
容許任何人喊著「自由」的口號，來破壞自由社會；打
著「民主」的幌子，來摧毀民主基礎；假藉「人權」的
名義，來掩護其對人權的迫害，並掩蓋其叛逆的罪惡。
像那些言偽而辯、一味製造「仇恨」的行為，正就是被
共產黨利用為放在大家身邊引爆的火種。也正就是大家
必須提高警覺、保衛正義、防患未然的責任之所在。

　　過去有人將民眾的利益，和政府的利益，做有意的
分開；實際上政府沒有自己的利益，政府只有國家的利
益，只有民眾的利益。這從政府的一貫作為，就可以看
得清楚透澈。政府一定「無事不為民眾」，民眾自然也
會「無話不可明說」，我們政府和民眾都以善意忠誠相
處，就決不會有任何空隙任人挑撥。先總統蔣公說過：
「愛是永遠不會為恨所掩蓋的，而且只有愛，終可使恨
歸於消滅。」這句話，是具有顛撲不破的真理的，大家
只要時時想到自己所秉持的是「仁愛」，就會從內心深
處不斷地湧現出無比的勇氣和信心，深信國家民族的前

途，正充滿著無比的光明，這也正就是「仁者無敵」的道理。

在這裡，我要再鄭重指出：先總統蔣公「堅守民主陣容」的遺命，不止是內而對民主憲政的貫徹，決不會有任何遲疑！外而對國際社會人權自由的主張，一樣不會有任何改變！

最後，我還要引述曾子的兩句話：「慎終追遠，民德歸厚矣。」明天，又是慎終追遠的「民族掃墓節」，這「民德歸厚」，正就是發揮民族定力的起步。大家在這個起步上，互信互諒，共勉共進，就必然會滿懷復國建國的使命感，創造出充滿希望的新時代！一如先總統蔣公的遺訓：「不惟國家的命運，操之於我們大家自己的手中；即世界的安危，亦正操之於我們大家的手中。」

4月4日　星期五

上午

十時，在中正紀念堂前之瞻仰大道主持「中正紀念堂落成典禮與先總統蔣公逝世五週年紀念大會」。嚴前總統家淦在會中以「毋忘遺訓、力行遺訓」為題，致詞期勉國人發揚蔣公精神，完成領袖遺志。隨後由籌建小組召集人俞國華報告籌建經過。

十時三十分，由蔡培火等三十二位海內外同胞代表向總統呈獻中正紀念堂模型。

十時三十五分，主持啟門禮，按下電鈕，以開啟正廳之銅雕大門。典禮後，步上正堂與夫人向先總統蔣公行三

鞠躬禮並默哀致敬。

下午

七時，在圓山飯店見韓國丁一權，並以晚餐款待。

4月5日　星期六
上午

九時，見美國華盛頓郵報總經理梅格賀夫婦。（梅格賀為艾森豪獎金得獎人）

十時，見大韓民國訪華團丁一權等一行十八人。

十時三十分，見日本訪華團岸信介等三十人。

下午

二時，乘專機赴高雄。

三時二十分，抵高雄市政府聽取王玉雲市長之市政簡報，期勉市府各單位發揮團隊精神，對市民食衣住行育樂要整體規劃，使一切建設確實落實到市民身上。

四時三十五分，參觀兒童交通公園。

五時三分，抵四維國民住宅區，訪問了三戶住民。

七時，與行政院院長孫運璿在高雄市圓山飯店，以便餐款待南部地區之縣市長、黨部主委以及民意機構首長。與彼等懇切交談並聽取其重要意見。在致詞中，強調中央將全力支援基層建設，各級公務員應誠懇勤勞，為民服務。以我們國民奮發圖強，精誠團結的大體認、大作為，我們就已操復國建國勝利成功的左券。

4月6日　星期日

上午

八時，在圓山飯店與南部地區部分公營事業負責人共進早餐。於聽取各公營事業的近況報告後，曾就公民營間企業合作，謀求整體經濟建設，加強研究發展，培養訓練人才等方面，作了幾項提示。

九時五十分，巡視旗山鎮溪洲香蕉檢驗站，詢問香蕉生產栽培及運銷情形。

十時十九分，巡視旗山鎮公所，隨後訪問了朱姓農家，參觀菸葉製造。

十一時廿一分，巡視六龜鄉山地育幼院，指示楊院長繼續用心教養院童。

下午

一時十分，巡視美濃鎮公所，聽取基層建設工作報告並有所慰勉。

一時五十二分，巡視第八軍團。

三時廿四分，返抵高雄圓山飯店。

4月7日　星期一

上午

七時三十分，在高雄圓山飯店，與南部地區陸海空軍的部隊長以及三軍官校、中正國防預校校長等共進早餐，期勉大家奮發圖強、無憂無懼、安定社會、鞏固基地，並對資深軍官、士官對部隊的貢獻，深致嘉勉。

八時四十分，巡視高雄縣政府，對地方建設情形垂詢

甚詳。

九時廿六分，巡視屏東縣政府，對地方建設，指示要注意工程品質，讓民眾能得實惠。

九時四十五分，巡視屏東市公所。

十時五分，巡視中正藝術館工程進展情形。

十時十一分，巡視屏東大同國中及孔廟。

十時三十二分，由屏東機場乘機返北。

下午

曾見俞總裁國華、王校長多年、蔣秘書長彥士、聯勤蔣總司令緯國（今日到職）、宋總長長志。

4月8日　星期二

上午

九時三十分，海地共和國新任駐華大使馬迪爾來府晉見總統呈遞到任國書。

十時，主持軍事會談。

今日在府曾見汪顧問道淵、朱部長撫松、孫運長運璿、秦主任委員孝儀、沈秘書長昌煥。

4月9日　星期三

上午

九時，主持中常會。

今日曾見蔣秘書長彥士、邱部長創煥、梁主任孝煌、本

府三局陳局長履元、汪顧問道淵。

4 月 10 日　星期四

今日曾先後見馬秘書長紀壯、汪顧問道淵、高部長魁元、孫院長運璿、朱部長撫松、俞總裁國華、八軍團陳司令守山、宋總長長志。

下午

四時，見南非共和國人力運用部長包塔夫婦。

四時三十分，見菲華文經總會回國致敬團李治民等一行。

4 月 11 日　星期五

【無記載】

4 月 12 日　星期六

上午

九時二十分，至圓山飯店理髮。

故國大代表，中國國民黨中央評議委員張發奎先生追悼會，上午十時在北市實踐堂舉行，總統特派本府馬秘書長代表致祭。

今日見汪顧問道淵。

4 月 13 日　星期日

今日在大直寓所約見俞總裁國華、蔣秘書長彥士。

4月14日　星期一

今日在府見馬秘書長紀壯、汪顧問道淵。

上午

十一時許，至臺灣機械展售會場，參觀我國各種優良機械。就便還巡視了外貿協會「外銷市場」，並希望貿協繼續研究新的促進我產品外銷活動。

4月15日　星期二

上午

九時三十分，接見大韓民國副總理兼經濟企劃院長官李漢彬等。

十時，主持財經會談，提示事項有：

（一）提高民間投資意願。

（二）培養人力配合國家建設需要。

（三）工商金融業者操縱壟斷市場應嚴加取締。

（四）採取有效鼓勵措施，加速機械工業發展。

中午

十二時三十分，在中山樓與參加輔導會議之代表共進午餐，並致詞勉勵全體退除役官兵始終如一，奉獻心力，為國家為民族的萬世生命，創造光明的前途。

下午

一時五十一分，至榮總第六病房探望謝副總統。

今日在府曾先後見汪顧問道淵、馬秘書長紀壯、宋總長
長志、孫院長運璿、李主任煥。

4 月 16 日　星期三

上午

九時，主持中常會。提示農地重劃對於推展農業機械化
工作非常重要，希望有關單位設法提前在五年內完成。
此外對農民、漁民、勞工等之生活與福利，並希望有關
單位繼續努力改善。

下午

在府邀晤嚴前總統家淦、孫院長運璿、黃院長少谷，並
約見汪顧問道淵。

4 月 17 日　星期四

上午

十時，在府接見多明尼加共和國總統府行政部部長艾有
德士等一行。

十時三十分，接見美國前太平洋總司令馬侃夫婦敘舊，
晤談甚歡。

十一時，接見英國名作家及歷史學家何恩暨美國投資銀
行歐洲經理伊凡。

今日在府曾見汪顧問道淵、高部長魁元。

下午

四時四十五分，在大直寓所約見魏顧問景蒙。

六時三十分，約見宋局長。

4月18日　星期五

下午

四時三十分，約見俞總裁國華。

4月19日　星期六

下午

四時五十五分，在大直寓所約見蔣秘書長彥士、馬秘書
長紀壯、魏顧問景蒙。

4月20日　星期日

今日在大直寓所分別約見孫院長運璿、汪總司令敬煦。

4月21日　星期一

下午

在大直寓所分別約見黃院長少谷、沈秘書長昌煥及孫義
宣先生。

4月22日　星期二

【無記載】

4 月 23 日　星期三

上午

八時十分，至圓山飯店理髮。

九時，主持中常會。期勉有關單位，切實做好全面推動基層建設的工作，使民眾直接而明顯的享受到這些建設的成果。並提示颱風季節將臨，應做好各項防範措施，不要由於防範不周而破壞了我們努力建設的成果。

下午

在大直寓所約見馬秘書長紀壯、宋總長長志。

公關懷國軍遺眷生活，特別指示國防部妥善照顧當年死守四行倉庫之國軍團附上官志標之遺眷，並致贈慰問金新臺幣十萬元。今日已由總政戰部廖執行官轉贈給上官志標之遺孤上官百成。

4 月 24 日　星期四

上午

在府見汪顧問道淵。

十時，見省民政廳長高育仁。

下午

四時起，在大直寓所分別約見郝總司令柏村、鄒總司令堅、烏總司令鉞。

4月25日　星期五

今日在府見宋局長楚瑜、馬秘書長紀壯、蔣秘書長
彥士。

4月26日　星期六

上午

九時三十分，在府接見出席安良工商會第七十六屆年會
之總理、元老、會長陳孔根等二十餘人。嘉許彼等愛國
熱誠，並請其代向各地僑胞致候。

十時，見新加坡外交部長拉惹勒南、專員林明河、駐華
代表鄭威廉及我駐星代表張彼得。

十時三十分，見虞為。

十一時，見王惕吾。

下午

在大直寓所分別約見秦主任委員孝儀、宋局長楚瑜、蔣
秘書長彥士。

4月27日　星期日

下午

三時四十五分，約見秦主任委員孝儀。

4月28日　星期一

上午

十時，主持軍事會談。

今日在府見孫院長運璿。

4 月 29 日　星期二

上午

十時,主持國父紀念月會。由研考會主委魏鏞報告「行政計劃與國家建設」。

十時三十分,主持財經會談,提示加強金融政策與經濟發展的密切配合;儘量掌握民生物資,以量制價,維持物價的穩定;拓展新市場,避免出口過分集中;以及對房地產的投機,應研擬對策等事項。

今日在府曾見蔣秘書長彥士、張副秘書長祖詒、汪顧問道淵。

4 月 30 日　星期三

上午

九時,主持中常會。

會後,見谷正綱、閻振興。

下午

四時,見美國霍華德報系副總裁考威爾夫婦等。

五時三十分,見吳三連。

另約見宋總長長志、菸酒公賣局局長吳伯雄。

5月1日　星期四

上午

十時，在府見軍方調職人員唐崇傑等十三人。

十一時三十分，見黃鏡峯。

另分別見汪顧問道淵、蔣秘書長彥士、謝副總統、馬秘書長紀壯、汪總司令敬煦。

下午

四時，在府內大禮堂以茶點款待勞工代表，期勉大家手攜手，心連心，承擔起國家建設與基層建設的責任，一齊進行，一齊努力，一齊成功。

五時，見日本自民黨國會議員訪華團（由參議員岩道動行、眾議員相澤英之率領）一行。

九時，乘建陽軍艦啟航赴馬祖。

接見全國模範勞工致詞

親愛的勞工朋友們：

　　今天是民國六十九年的勞動節，和各位模範勞工朋友們見面，感到十分高興。勞工朋友們是生產的中堅，是生活的動力，都是國家建設中功不可沒的無名英雄，所以我首先要向全國的勞工朋友們表示敬佩之意。

　　我每次到工廠、礦場、公司參觀、訪問，看到勞工朋友們都在辛勤的工作，而大家都露出自然的笑容，向我招呼，和我握手，那一副純真又可愛的笑容，那一雙結實又生繭的厚手，使我特別感到愉快，感到溫暖，因為我感覺得到，社會的繁榮，生產的增加，國家的進

步，就在勞工朋友們美觀的笑容中和萬能的雙手中創造
出來。

有一句話說，「勞工神聖」。勞工之所以神聖，就
是由於勞工朋友們為了國家力量的增強、為了國民生活
的改善、為了社會繁榮的促進，一天到晚，埋頭苦幹，
手腦並用，全力奉獻。勞工朋友們發揮了潛在的、無
形的智力、體力、勞力，造成了國家社會有形建設的發
展和進步，而勞工朋友們還是繼續為國家社會的富庶繁
榮，加緊努力，不休不止，所以勞工朋友們的奉獻是神
聖的，而大家的貢獻對於國家生命力更是有著重要意義
的。尤其對於我們正在走進開發國家之林的時候，勞工
朋友們的奮鬥精神和貢獻，是國人一致敬佩的，大家的
辛勤是沒有白費的。

現在，我們國家自由民主、豐足均富的民生建設，
主要精神是注重農工商業的均衡發展，也就是注重農民
收益的提高，注重商業利潤的合理，更注重勞工福利的
增進。在這一方面，行政院正督導有關部門積極的要辦
好勞工福利、勞工保險、勞工安全、勞工衛生、勞工住
宅、職業訓練等各方面的工作。

今天我們的國家正遭遇到空前的艱難，我們必須精
誠團結，突破險阻，安定社會，發展力量，使國家能夠
生存、壯大。最重要的，就是我們農工商各界，大家要
一致重視科學化、現代化。

所謂科學化、現代化，就是要更加有效運用資源、
技術、人力和資本，來使資源、技術、人力和資本有更
多的發展、更大的創造和更高的水準；同時發揮服務觀

念、工作效率和團隊精神，使農工商業的企劃、管理、生產、運銷的質與量都能提高，如此才能夠厚植國力、發揮民力，擴張潛力，使農工商業更加進步發達。

各位勞工朋友們：國家和政府是我們大家所賴以共存共榮的國家和政府；福利是我們大家共同奮鬥、共同享受的福利；因此勞工同胞們和國家政府不但血肉相連、休戚相關，同為一體，而且勞工同胞的福利，更是從國家整體建設的共同努力中去創造、去分享，所以政府有責任為勞工同胞們盡一切力量來服務，而大家也要信賴政府、支持政府，為自己的福利而一齊努力。

現在行政院正在推行國家十二項建設和全面推動地方基層建設，無一不是為全國同胞的利益著想，更無一不和勞工朋友們息息相關，而且需要大家協力參與，共同完成這個目標。

總之，政府無時無刻不為大家的生活、福利和安全，在全力規劃進行，讓我們大家手攜著手，心連著心，把國家建設和基層建設的責任，共同承擔起來，一齊進行，一齊努力，一齊成功！

敬祝

全國勞工朋友們身體健康、家庭快樂！

5月2日　星期五

今值公七秩華誕，謙不言壽，照常作息，僅發表「難忘的一年——七十歲生日有感」一文，將民國六十四年日記摘略發表，以勵己勉人。

晨

七時三十分，抵東引，在指揮部早晨，並聽取簡報。

上午

巡視雷達站及砲兵陣地。

中午

抵馬祖，軍民同胞對於公在華誕之日，蒞臨訪問，無不
歡欣鼓舞。

下午

訪問塘岐民宅與商店，巡視北竿喊話站，聽取南竿福澳
港工程及勝利水庫簡報。

晚

在五七九旅旅部連與官兵會餐，並慰勉有加。

5 月 3 日　星期六

上午

七時廿六分，在昆陽樓與營級以上幹部早餐，勉勵大家
加強防務戰備，加速地方建設，造福民眾，完成復國
建國大業。隨後巡視昆陽樓內之隊史館、馬沃中正國民
中學。

八時廿六分，乘原艦返航，下午四時許抵達臺北。

5月4日　星期日
上午

九時五分，訪問大溪鎮長黃斌璋於其寓所，垂詢地方基層建設工作進展情形。

十一時十一分，巡視復興鄉公所，垂詢王明進鄉長有關地方基層建設及山胞生活情形。

下午

三時許，訪問大溪一德里之居民高牆，答謝其贈送十條加福魚祝壽之盛意。

隨後又訪問了居民徐火，詢問其健康及生活情形。

三時廿四分，至中正理工學院慰問大專運動會的學生，受到熱烈歡迎。

5月5日　星期一
上午

八時四十四分，至圓山飯店理髮。

今日在府曾見孫院長運璿、俞總裁國華。

5月6日　星期二
上午

十時半，在府見王蓬。

另約見僑委會毛委員長松年、蔣秘書長彥士、馬秘書長紀壯。

下午

三時，至臺北市政府，聽取李市長有關各項工程建設之簡報，提示其多注意市民的自來水供應情形，妥善照顧生活輔導戶，及好好規劃大型公眾體育館。

四時，由李市長陪同巡視六號水門內忠孝大橋施工情形。

四時四十分，巡視新店青潭堰堤防施工情形。

四時五十分，路經因公殉職之陳金龍少校銅像前，曾下車默念致敬。

今日中央委員會蔣秘書長簽呈主席，就上年十二月十七日主席主持新舊任秘書長交接時提示事項提出初步執行情形之報告。

新舊任秘書長交接提示事項

報章上曾經發表過許多對四中全會提供的意見，其中有一位唐光華同志講的「期盼新的黨政關係之建立」，和我們想法很相吻合，對於黨的工作重點，他提出了八點建議：

第一、黨務幹部要從觀念和習慣上做重大的突破，把以往從上到下的溝通模式，轉為從下至上。

第二、督促政府在政策上儘量放寬言論尺度，讓不同階層、不同立場的人充分表達意見。

第三、執政黨應責成各級黨務幹部，應把反映民意和批評政府做為主要職責。

第四、所有各級政府一般性的事務，要求黨工不要假

「政策領導」之名，干預過甚，把撙節出的人
力、時間，用在探求民隱，反映民意上。

第五、放寬對各級黨籍民意代表的控制幅度，鼓勵黨籍
議員儘量替民眾說話。

第六、拔擢人才服務公職或參加競選，優先考慮是否了
解民間疾苦，是否具有批評精神。

第七、建立一套完整的民意反映和批評政府的系統，使
民意能很速捷地反映到中央。

第八、用不斷的政治革新，來回饋熱心批評政府的黨務
人員，以增強其反映民意的批評精神。

這些要點，過去我曾經講過，但我們還沒有切實做
到。這一黨政關係的新構想，不但中央各單位要研究，
各級黨部也要加以研究。

再其次是理論的問題。現在是技術高度發展的時
代，我們要特別注意理論，不但對三民主義和反共的理
論要研究，就是「臺獨」的理論也要研究，並且要加以
駁斥。從一些地方可以看出來，有些高級知識份子的言
論，隱隱約約的支持臺獨份子。我們已經很明顯的表明
了我們的態度，「臺獨」也表明了他們的態度——一種
漢奸的態度。所以要建立反「臺獨」的理論，這對於青
年尤其重要，希望專門找人來研究這個問題。

這次全會各項會議資料，不要紀錄存案就算了事，
會議上很多同志發表了許多寶貴的意見，要一條一條記
載下來，加以整理分析，今天能做的便即刻做，明天才
能做的，便留待明天做，總要有一個交待，中央最近的
重點工作就在於此。

　　在全會發言的同志，很多口才好，分析力強，判斷力強，論點也很正確，證明我們黨有很多優秀人才，我們要緊密的加以聯繫，來發掘其中的可用之才。

　　管理方面也要改進，今天的問題，不在錢，而在管理，要有一套新的管理方法，對業務、人事、經費、考核，都能納入制度，尤其是要管理到每一個人都有事做。這樣，我們就要找幾位現代管理的學者，與政府有關機構共同研究，使黨務的管理有很大的進步。

5月7日　星期三
上午
九時，主持中常會。

下午
四時起，分別見蔡顧問培火、中央信託局劉理事主席安祺、張立委子揚等。
五時三十分，見前美軍駐韓司令史迪威爾將軍。
另見汪顧問道淵。

動員戡亂時期公職人員選舉罷免法令在立法院院會中三讀通過。

5月8日　星期四
上午
十時起，見羅英德暨軍方調職人員林文禮等四人。
另見宋總長長志、馬秘書長紀壯。

今為資政張羣先生九二壽辰之前夕，公於上午十一時廿一分前往其寓所致賀。

5月9日　星期五
在府曾見三局朱副局長季昌、研考會魏主任委員鏞、王主任昇、馬秘書長紀壯。

5月10日　星期六
上午
十時，在府接見史瓦濟蘭王國總理馬班達、德拉米尼親王夫婦等一行，並以特種大綬景星勛章一座頒贈馬班達總理。

中午
十二時四十分，抵達臺中港，聽取陳鳴錚局長之簡報。簡報後陳局長代表全體員工，以貼著臺中港施工前後的工程及營運照片簿贈送總統，恭祝總統七十歲生日快樂。接著總統在港務局大樓午餐，然後到中彰大橋、第十一號碼頭、中港號挖泥船參觀。曾提示陳局長必須裝設貨櫃起重機，期能趕上航運發展之趨勢。

下午
八時二十分，在車上巡視高雄市區及澄清湖，然後至高雄圓山飯店。

5 月 11 日　星期日

上午

十時三十分,至屏東三地門,然後步行約一小時之山路
到達霧台鄉,慰問山地民眾,實地了解山地建設與山胞
生活情形,受到山胞們熱烈歡迎。

中午

十二時四十二分,至三地門一家飯店午餐,在街上又受
到群眾們的歡呼。

下午

一時五十分許,巡視麟洛大型糧倉,對正在工作之男女
工人,一再表示慰問。
二時十分,至內埔鄉,曾至路邊慰問正在割稻之農友。
二時四十五分,巡視東港漁港之擴建工程,對漁民生
活,深表關切。
三時,巡視東港水產試驗所。
八時廿五分,在車上巡視了左營軍區及西子灣,而後止
於高雄圓山飯店。

5 月 12 日　星期一

上午

九時二十分,蒞臨設在臨海工業區內之臺灣機械公司,
聽取其業務簡報。隨後搭乘該公司之參觀車巡視各部門
設備與工作情形。並指示臺機公司的營運目標,應以發
展國家工業為目標,也就是繼續加強重機械工業及精密

工業的發展，並特別強調不要以營利為目標。至十時半
始離去。

十時廿一分，自小港機場乘機返北。

十一時四十五分，至圓山飯店理髮。

下午

在大直寓所見蔣秘書長彥士。

5月13日　星期二

上午

十時，主持財經會談，提示事項：

（一）應從能源開源節流兩方面研擬對策，貫徹實施。

（二）選擇有發展前途之產品，鼓勵投資產製。

（三）設法消除預期物價上漲之心理。

（四）對所遭遇之農業問題，應積極謀求改進。

（五）第二次土地改革為一長期工作，應研擬整個方
　　　案，積極推動。

今日在府曾先後見張副秘書長祖詒、孫院長運璿、第三
局陳局長履元、馬秘書長紀壯、王主任昇、宋總長長
志、蔣秘書長彥士。

5月14日　星期三

上午

九時，主持中常會，於聽取青工會主任張豫生報告「當
前青年工作的重點與作法」後，提示由蔣秘書長召集小

組研究輔導辦法，籌措經費，使青年享有各種正當健康
的休閒活動。會中曾核定張炳南任駐賴索托王國特命全
權大使。
在黨部曾見孫院長運璿、蔣秘書長彥士、高雄市黨部郭
主任委員哲。

下午
四時卅分，在府接見前美軍協防司令貝善誼。
五時，見中航董事長董浩雲、中航駐臺經理陳人壽。
在府另見汪顧問道淵、駐韓丁大使懋時。

總統今日明令公布公職人員選舉罷免法。特於親自簽署
後，指示有關部門，對增額中央民意代表選舉應即切
實依法辦理；並從速擬訂各種子法及有關措施，以利
執行。

5 月 15 日　星期四
下午
四時三十分，海地共和國兼任駐華大使馬迪爾，來府晉
見總統，面呈杜華利總統之邀請函，邀請總統、孫院長
及朱部長前往海地正式訪問。

今日在府曾見馬秘書長紀壯、黃院長少谷、秦主任委員
孝儀、朱部長撫松、蔣秘書長彥士。

5月16日　星期五
今日在府見王主任昇、交通銀行孫總經理義宣、俞總裁
國華、馬秘書長紀壯。

5月17日　星期六
上午
八時五十分，由蔣秘書長陪乘專機飛往澎湖。
十時十分，抵澎防部聽取簡報。

下午
在澎縣府聽取農發會主任委員李崇道所作之總結報告，
並就農工平衡發展、培植農業人才、提高農民收益、推
展遠洋漁撈和近海養殖事業等方面有所提示。
隨後視察一六八師師部、興仁水庫、大永水產養殖場、
飛彈基地、中南半島難民村等處。

5月18日　星期日
晨
與澎湖縣縣長、議長及軍政幹部聚餐，聽取彼等意見，
並期勉大家精誠團結，為地方建設效力。

上午
八時五十五分，飛抵金門。
十時起，先後巡視馬山播音站（並聽取簡報）、國軍
英雄館興建工程、金門漁港（並聽取興建簡報）、山
后金門民俗文化村等處，藉以了解民眾生活與地方建

設情形。

下午

六時五十四分，在基層連隊中與戰士們會餐。

5 月 19 日　星期一
上午

六時四十九分，在擎天峯與金門軍政幹部共進早餐，期
勉大家堅忍奮鬥，群策群力，為防務、戰備和民生建
設，作更進一步的努力。

八時十二分起，先後巡視海印寺、「頑石點頭」、金門
縣政府及金門農業實驗所。

九時三十九分，由金乘機返北。

十一時四十四分至圓山飯店理髮。

下午

四時三十分，在府接見美國商業銀行總裁克勞森等。

五時，接見大韓民國前國會議長白斗鎮夫婦等。隨後見
駐韓丁大使懋時。

今日在府曾見馬秘書長紀壯。

5 月 20 日　星期二
今為總統就職二週年，全國各界紛紛上電致敬，並表擁
戴的赤忱。

上午

九時三十分，見孫院長運璿。

十時，主持軍事會談。

下午

四時十分，訪晤王叔銘將軍於其寓所。

今日在府曾見高部長魁元、汪顧問道淵、宋總長長志。

5 月 21 日　星期三

上午

九時，主持中常會。會後，見司法院副院長洪壽南。

5 月 22 日　星期四

今日在府見趙主任聚鈺、馬秘書長紀壯。

5 月 23 日　星期五

今日在府見馬秘書長紀壯、俞總裁國華、汪顧問道淵、
沈秘書長昌煥。

下午

三時五十分，乘車巡視中山北路、羅斯福路、福和橋、
永利路、中正路、永和路、中正橋經重慶南路而返大直
寓所。

5 月 24 日　星期六
上午

八時，在圓山飯店邀大衛甘乃狄夫婦早餐。

八時五十八分，在圓山飯店理髮。

在府曾見馬秘書長紀壯。

5 月 25 日　星期日
下午

三時十七分，與夫人至烏來散步。

5 月 26 日　星期一
在府分別見馬秘書長紀壯、蔣秘書長彥士、宋總長長志、汪顧問道淵、孫院長運璿。

5 月 27 日　星期二
上午

十時，主持國父紀念月會，會中由教育部朱部長匯森報告「近年來的國際文教工作」。

十時三十分，主持財經會談，指示財經首長對面臨的油價、國際貿易入超以及穩定物價、鼓勵投資等重要問題，應妥善因應，以期國家經濟繼續安定和持續成長。

下午

四時三十分，在府接見參加第四次中美工商界聯合會議及貿易會議的美方代表美中經濟協會理事長大衛甘乃

迪、美國喬治亞州州長喬治布斯比等人，並致詞指出，
近年來中美貿易繼續增高，是由於兩國人民友誼深厚友
好之故，期望今後能更進一步合作互助。

今日曾見蔣秘書長彥士、宋局長楚瑜、張副秘書長
祖詒。

接見第四次中美工商界聯合會議及貿易會議美方代表名單

美中經濟協會理事長	大衛・甘乃迪
喬治亞州州長	喬治・布斯比
俄勒岡州州長夫人	桃樂絲・阿帝業女士、
阿拉斯加州副州長	米勒
得拉華州副州長	詹姆士・麥金尼斯
堪薩斯州副州長	保羅・杜根
密西西比州副州長	布雷德・戴埃
俄克拉荷馬州副州長	史賓塞・柏納
賓夕法尼亞州副州長	威廉・斯格蘭頓
猶他州副州長	大衛・蒙森
浮琴島副州長	亨利・米林
愛達荷州副州長	菲立浦・巴特
美國參議院外交委員會助理	福特
美中經濟協會總經理	莫偉禮
美中經濟協會常務理事	美國貝泰公司總經理 雷因區

5 月 28 日 星期三

上午

九時，主持中常會。

在黨部曾見臺省府林主席洋港。

下午

五時，美國自由中國之友協會共同主席柯克蘭、理事長陳香梅及執行長白川等，前來總統府以美國人民一千二百萬人簽名冊，陳送總統，以表達誠摯深厚的友誼。總統於代表中華民國人民接受簽名冊後，表示此次一千二百萬美國人民和民間組織簽名支持中華民國，可說是風雨中見真友情，中華民國人民深為感謝。

今口曾見外交部錢次長復、馬秘書長紀壯、張副秘書長祖詒。

5 月 29 日 星期四

上午

由汪顧問道淵陪同乘機赴中部。

中午

轉抵日月潭涵碧樓。

下午

五時，訪問魚池鄉公所，詢問秘書王福田（鄉長不在）基層建設之進行情形。隨後在車上巡視東池村基層道路

修築狀況。（部分工程費由民眾自籌）

五時四十分，參觀埔里紙廠，對其主要產品萬國帽及宣紙，向廠長陳樹火詢問甚詳。

六時七分，參觀埔里國中之不銹鋼游泳池。

六時十四分，至去年題頒「山清水秀」之臺灣地理中心碑，稍作休憩。

六時半，至埔里噴水食堂用餐，然後返涵碧樓。

5 月 30 日　星期五

上午

九時，至北山坑參觀圓通寺及毗鄰之佛光寺。

十時許，至草屯鎮平林里「九九峯」露營區及平林住宅重劃區巡視。途中經過民戶林清忠住宅時，見其新居落成曾前往祝賀。

十時三十分，巡視草屯鎮公所。

十一時十五分，到達南投鎮南崗工業區，參觀松和工業公司及嘉鴻纖維公司。

中午

在南投縣長劉裕猷家中便餐。

下午

一時四十四分，經集竹大橋抵竹山鎮，先後至下坪里臺大植物標本園、鯉魚里店戶蔡文海家、鯉魚國小、農戶陳水源家參觀訪問。

三時五十分，巡視鹿谷鄉公所，聽取鄉長林丕耀之基層

建設簡報，並實地察看新建成之內寮水溝。

晚
止於溪頭賓館。

5 月 31 日　星期六
上午
七時四十五分，離溪頭至臺中乘機返北。
十時許，至府處理公務。
十一時三十九分，至圓山飯店理髮。

6月1日　星期日

下午

三時三十八分，偕同夫人至陽明山孝武先生寓所。

三時五十分，至陽明山孝文先生寓所。

四時十六分，至天母孝勇先生寓所。

6月2日　星期一

下午

四時，在府接見美國紐約時報專欄作家歐克斯夫婦等。

五時，見臺南市長蘇南成。

五時三十分，見蔣彥士。

今日在府曾另見沈秘書長昌煥、馬秘書長紀壯、李市長
登輝、宋總長長志。

6月3日　星期二

上午

九時三十分，至大禮堂察看中山大學校舍模型。

十時，主持軍事會談。

下午

四時，見基隆市長陳正雄。

四時三十分，見楚崧秋。

五時，見革命實踐研究院教育長崔德禮。

另約見孫院長運璿、俞總裁國華、宋總長長志。

6 月 4 日　星期三

上午

九時，主持中常會。

十一時，在府接見前美駐華經濟參事莫偉禮。

今日曾見汪顧問道淵、三軍大學王校長多年、梁主任孝煌、劉司令（憲兵）馨敵。

6 月 5 日　星期四

上午

八時，主持中常會臨時會議，通過增額中央民意代表選舉，決定在今年內舉行；主席並發表談話，強調決貫徹民主憲政，團結民心，鞏固國力，邁向民主憲政新時代。

十時，見軍方調職人員三十四人，其中個別見者有中將范世基、蔣國鐘、胡附球；少將卓愷濟、黃世忠等五人，其餘分三批集體見者有李其賢少將等二十九人。

今日曾先後見蔣秘書長彥士、吳副秘書長俊才、馬秘書長紀壯、宋總長長志。

6 月 6 日　星期五

今日在府見高部長魁元、馬秘書長紀壯、沈秘書長昌煥、汪顧問道淵。

6月7日　星期六

今日在府先後見財政部張部長繼正、行政院研究發展
委員會魏主任委員鏞、本府張副秘書長祖詒、馬秘書長
紀壯。

上午

十一時三十二分，至圓山飯店理髮。

下午

四時，在七海寓所約見孫院長。

6月8日　星期日

今日在大直寓所約見孫院長運璿。

下午

三時三十五分，與夫人至淡水散步。

6月9日　星期一

上午

八時，在博愛大樓主持六十九年擴大早餐會，並以「國
家的基本立場和精神」為題發表講話，號召國人以開闊
的胸襟，遠大的目光，愛國反共，團結自強。

下午

四時五十分，在府見北美事務協調會蔡主任委員維屏。
五時，見美國前詹森總統安全事務特別助理羅斯陶

夫婦。

今日在府曾見馬秘書長紀壯、魏顧問景蒙、魏主任委員
鏞、張副秘書長祖詒。

6 月 10 日　星期二

上午

十時，主持財經會談，曾作以下提示：

（一）穩定物價，是整個政府應負的責任，應與民間各
　　　業充分配合，發揮以量制價功能，俾符「在穩
　　　定中求成長」的基本要求。

（二）今後基層建設，應依需要，擬訂整體計畫，繼續
　　　撥款支持。

（三）漁撈事業外銷不暢，主管機關應與民間漁業團體
　　　共研辦法，早謀解決。

在府曾見第三局陳局長履元、蔣秘書長彥士。

下午

五時，在大直寓所約美國喬治城大學戰略研究所主任克
萊恩家人茶敘。

財經會談提示

一、「在穩定中求成長」，一直是我們國家基本的經
　　濟政策，而穩定物價，又是維持經濟穩定的主要因
　　素，所以能否穩定物價，乃是我們經濟建設成敗的

重要關鍵。當然，有些物價波動的原因，不是我們所能控制，例如國際油價的上漲，但是我們至少必須做到，無論是政府與民間，應該全力消除物價上漲的人為因素。就政府方面來說，要把穩定物價，看作為不只是經濟部門的工作，而是整個政府應負的責任，共同努力來克服物價問題。對於民生日用必需物品，則應力求經常保持來源充裕，供應無缺，發揮以量制價的政策功能，而達穩定物價的目的。

目前我們的經濟發展、財政收支、金融狀況，可稱都甚正常，但物價問題是個關鍵性的問題，大家必須密切注意，與民間各業充份配合，一面要克服外來因素上漲的困難，同時並須全力防止一般物價任何不合理的波動，有效維持物價的穩定，俾符「在穩定中求成長」的基本要求。

二、政府全面推行基層建設以來，已具績效，尤其民眾熱心公益，捐錢出力，協助地方建設，至堪欣慰。嗣後對基層建設，應根據各縣市鄉鎮的需要，擬訂整體計劃，繼續撥款支持。對於各項建設竣工後的保養問題，尤應預訂妥善辦法，切實維護。

三、最近漁撈事業，由於油料漲價，魚價偏低，外銷不暢，而漸感困難，尤以近海漁業更較嚴重，主管機關應與民間漁業團體，共同研商，早日採取具體有效辦法，以謀解決。

6 月 11 日　星期三

上午

九時，主持中常會，通過動員戡亂時期自由地區增加中央民意代表名額辦法及僑選增額立法委員及監察委員辦法，決定擴充名額為二〇四人。

十一時，主持國家安全會議，通過中常會稍早通過之有關增額中央民意代表選舉各案之後，即席表示，這是我國政治上具有歷史意義的一件大事，顯示政府一貫推行民主憲政的決心，並實踐在民主政治中必須履行的一項莊嚴的責任。並且強調，「國家在此繼續遭受各種困難衝擊的時刻，作此重要決定，不只是為了完成一項選舉，而是為了國家長遠發展奠立更健全的基礎，由此邁向民主憲政的新時代。（此次會議奉總統特別指請陳立夫、余井塘、陳啟天、王世憲及吳三連等參加）

今日發布明令，定今年內舉行增額選舉，並公佈前兩項選舉辦法。

下午

四時起，見新任國家銀行負責人三批——臺銀董事長劉師誠、總經理嚴雋寶、交銀董事長陳勉修、總經理趙既昌、中信局理事主席劉安祺、局長陸潤康。

五時，接見前紐約時報專欄作家寶奠安。

今日在府曾先後見朱部長撫松、孫院長運璿、蔣秘書長彥士、馬秘書長紀壯、宋總長長志、王戰略顧問叔銘。

6月12日　星期四

今日發布明令特派邱創煥、連震東、吳三連、李元簇、端木愷、陳啟川、王師曾、劉中一、梁孝煌、董世芳、杜蘅之、陳治世、張劍寒、林菊枝、王澤鑑為中央選舉委員會委員，並指定邱創煥為主任委員。

下午

四時，在府見新任駐美西雅圖辦事處處長劉邦彥。

四時三十分，接見前美軍太平洋總司令魏斯納上將。

五時，接見美國加州大學教授史卡拉匹諾。

6月13日　星期五

今日在府見沈秘書長昌煥。

上午

十時三十分，約見空軍彭副總司令傳樑。

十一時，見旅美學人丘宏達等九人。

姓名	年齡	籍貫	學歷		現職
			國內	國外	
丘宏達	44	福建	臺灣大學法律系畢業	哈佛大學法學博士	馬里蘭大學法學教授
朱昌峻	51	湖南		達特茅斯學院文學士哥倫比亞大學博士	奧亥俄州立大學史學教授
吳文津	58	四川	中央大學	史丹佛大學博士	哈佛大學燕京圖書館館長
吳元黎	60	浙江		倫敦政治經濟學院博士	胡佛研究所顧問舊金山州立大學經濟學教授

姓名	年齡	籍貫	學歷		現職
			國內	國外	
高英茂	46	臺灣	臺灣大學	康乃爾大學 政治學博士	羅德島州 伯朗大學 政治學教授
夏道泰	58	江蘇	中央政治學校 法學士	耶魯大學 法學博士	國會圖書館 遠東法律部主任
陳　慶	54	福建	國立政治大學	賓州州立大學 政治學博士	新澤西州 瑞格斯大學 政治學教授
翟文伯	48	安徽		紐約大學 博士	南達科他州立大學 副校長
鄭竹園	53	廣東	國立政治大學	喬治城大學 博士	印地安那州立 波爾大學 經濟學教授

6 月 14 日　星期六

上午

八時三分，至圓山飯店理髮。

八時四十分，由孫院長、魏、汪兩顧問陪同乘機赴南部。

十一時三十七分，抵墾丁賓館。

下午

五時，抵達佳洛水風景區訪問，先後與學生、滿州鄉長尤欽榮、商店莊慶富、清潔工尤梅花、收費員賴金梅、計程車司機簡福照等招呼談話。

五時廿分，巡視港口海港部隊。

五時三十分，巡視新建漁民國宅及原有漁村，且曾到漁民張元旺家訪問。

六時廿四分，返墾丁賓館。

6月15日　星期日

晨

在墾丁賓館見恆春鎮長龔新通詳詢農漁商業近況，並提示應特別加強地方建設，為民眾服務。

十時，巡視九鵬基地設施，並聽取簡報。

下午

三時二十四分，抵高雄圓山飯店。

八時三十四分，至陸軍官校黃埔賓館。

倫敦觀察家報今日刊出，總統在答覆美國投資銀行歐洲經理高布瑞所提書面問題時，提醒中共，光是在經濟上學我們是不夠的，中共必須放棄共產主義。

倫敦觀察家報刊出對高布瑞所提四項問題答覆

一、中共對蘇聯的敵意是否根深蒂固和基本的，兩國利害是否將復趨一致，西方國家是否將面對更可怕的敵人？

答：過去中共指蘇聯是修正主義、復辟資本主義，而蘇聯指毛澤東思想是反蘇反共，但現今中共認為蘇聯的生產資料仍然是公有制，不是修正主義，也說是不上是復辟資本主義。再則，毛澤東的偶像雖然還不曾推倒，但毛澤東思想實質上已逐漸被否定，這雖不能說是中共有意同蘇聯修好，但至少已經減少了雙方改善關係的障礙。

就蘇聯方面言，它對中共目前的變化持謹慎態度，

雖仍指摘中共現領導繼續奉行毛澤東的思想和政策，並勾結帝國主義，但也期待在八十年代內，中共能和它改善關係。中共和蘇聯最終目的都是埋葬自由世界，依照馬列主義方式改造世界。從這一方面說，雙方的基本利害或者說其長程利害乃是一致的。目前雙方仍有敵意，而且中共已在蘇聯勢力包圍中，安全感受威脅。它希望藉西方的援助，推行四個「現代化」，增高其對抗蘇聯的經濟與軍事力量。中共的經濟基礎過於薄弱，它缺少資金、技術、機械設備，缺少自由的經濟與政治制度，缺少領導與管理人才，也缺少有文化水準可以接受現代工業技術的勞動者。而且中共的經濟制度本來就學自蘇聯，無法接納自由企業的管理營運制度。再加上中共不斷強調社會主義的現代化，並且堅持「四項原則」，最終恐怕仍然要重回到蘇聯模式的老路。果如此，則雙方利害將逐漸接近一致，而有限度改善關係也就成為可能，因此雙方的敵意未必是基本的。歷史經驗證明，共黨相互間的矛盾，西方世界很難利用獲益。過去，中共和蘇聯並非因西方挑撥而分裂；將來，它們之間也不會因西方插手而不再復合。西方對中共的援助，縱能增高中共的軍經力量，但絕不可能使它有力對抗蘇聯，但可使它足以威脅鄰邦，更可以此為資本，要求在比較可以接受的條件下與蘇聯改善關係。到時候，西方國家就要面對著更可怕的敵人了！

二、中共是否會因急於發展經濟而放棄現有的經濟結構
　　及政治意識？

答：繁榮而快速發展的經濟，建立在自由與開放的社會
　　政治基礎之上。中國大陸在過去三十年中，經濟之
　　所以停滯不前，主要就是因為他們的意識型態與社
　　會政治結構，基本上無法推動經濟快速發展。在過
　　去三十年中，中國大陸曾經數次嘗試修正其政治路
　　線，以促進經濟發展，然而每次都引起政治與社會
　　的混亂。

　　由於大陸上的經濟，在共產主義的籠罩下，已經到
　　了「一窮二白」，瀕於崩潰的邊緣，所以才要大
　　力推行「四個現代化」，企圖引進自由世界的資本
　　和技術，發展國內經濟。為了配合經濟上的要求，
　　其社會政治結構和意識型態，表面上確實顯示若干
　　變動的跡象。但是我們不要忘記，大陸上的共產政
　　權，原是建立在其舊有的意識型態和政治社會權力
　　結構之上，如果變動較大，可能會使其整個政權的
　　基礎發生動搖，這是中共的兩難之處，北平民主牆
　　之瞬即被關閉，鄧小平之要囚禁魏京生，以及宣稱
　　要廢除中共憲法上的「四大自由」，充分顯示其深
　　恐政治發生變動。

三、如果中華民國決定提供幫助，將以何種方式增強中
　　共現有之經濟現代化運動？這種幫助能否使中共作
　　基本上的讓步，或建立某種程度的修好關係？

答：中國有句老話：「自助人助」。經濟發展是一種從
　　內在的覺醒和認識發展為外在的建設之過程，如果

不是從本身內部做起，外來的幫助很難發生作用。
這就是何以第二次世界大戰之後，世界上所有低開
發的國家都多多少少得到外來的幫助，但是發展
的程度卻有很大的不同。我們所能提供的最大的幫
助，就是提醒中共，孫中山先生留給我們的三民主
義，就是中國追求現代化的寶典，臺灣經濟建設的
成功，就是實踐三民主義的結果。我們也在過去的
發展中，累積了豐富的經驗和財富，並向世界上很
多地方提供幫助。大陸上的同胞曾經要求「經濟學
臺灣」，這是一種很好的現象。不過我願意指出，
光是在經濟上學我們是不夠的，經濟是與政治、社
會、文化整體發展互為因果的。所以，中共必須澈
底放棄其共產主義制度才行。

四、倘若蘇聯攻擊中國大陸，中華民國將採取何種
立場？

答：中國大陸是我們神聖的領土，決不容任何外人進
犯；大陸人民是我們的同胞，決不容許任何外人予
以傷害，不論以何種方式佔據大陸領土均屬帝國主
義侵略，中國人民一定抵抗到底；不論任何國家傷
害我同胞都是我們的敵人。

蘇聯侵入中國大陸，扶植任何形式的共黨政權，都
是亞洲與世界的禍源。過去蘇俄扶植的中共是如
此，今後如蘇俄入侵棄中共而另立新傀儡仍然如
此，我們堅決認為只有將中國大陸重新置於自由民
主的政府之下，實行三民主義的政治、經濟與社會
制度，才有安定與和平之可言，才符合中國人民乃

至自由世界的最佳利益。

6月16日　星期一

上午

八時三十分，在黃埔賓館與黃埔老師們共進早餐。

十時，至司令臺主持陸軍官校五十六週年校慶暨中正國防幹部預備學校四週年校慶典禮。致詞期勉大家要繼往開來，承先啟後，發揚光大親愛精誠、團結、負責、犧牲的黃埔精神，共同完成復國建國的大勳大業。

十一時四十六分，在學生餐廳與各界來賓、三軍五校學生代表、家長等會餐。餐後再勉勵大家，宏揚忠孝美德，擴大建軍精神，完成復國建國的使命。

陸軍官校五十六週年校慶暨
中正國防幹部預備學校四週年校慶典禮致詞

今天是陸軍軍官學校成立五十六週年的校慶紀念日。

五十六年以前，我們的領袖——先總統蔣公，奉國父之命，創辦了黃埔軍官學校這一所文武合一的學府。五十多年來，在國父的精神感召和領袖的薰陶督勵之下，黃埔師生發揮了親愛精誠的團隊精神，樹立了哲學、科學、兵學實踐貫通的軍事教育體系，組成了精純勁練的強大國軍，創造了光輝燦爛的革命歷史。而三軍一體，如手如足的精誠，軍民一家，合作互助的情感，更是國民革命軍光榮的傳統和特色。這一個光榮的傳統和特色，更加發揮了黃埔的奮鬥精神，團結了黃埔的革命力量，擴大了黃埔的光輝績業。

　　我們黃埔師生、國軍官兵、愈當國家艱難的時刻、愈能把黃埔的精神——犧牲的精神、團結的精神、負責的精神，發揮到最高度，承擔最大的責任，克服最大的困難，使國家轉危為安、轉弱為強、轉敗為勝。今天，我們國家又處於一個艱難險阻的關頭，在今天的這個日子，經國希望和黃埔師生、國軍官兵共同勉勵、共同努力的，就是：

第一、我們要繼承黃埔的革命精神，面對事實，砥柱中流，承擔艱鉅，團結、犧牲、負責，為國家建設，為人民幸福，開出一條光明的康莊大道。

第二、我們要明白，國民革命的勝利成功，不止是要有堅強的有形戰力，有現代化的武器和裝備，更要有堅強的無形戰力，要有高昂的士氣、嚴明的紀律、嚴格的訓練，也就是要有必勝必成的定力、信心和決心。

第三、我們要確認，今天我們奮鬥的方向，唯一的就是要將一切智慧集中反共，一切力量集中復國。所以我們要人人愛主義——愛救國救民的三民主義，愛國家——愛歷史文化博大悠久的中國，愛人民——愛海內海外同享自由的同胞、愛大陸受苦受難的同胞。我們要把觀念、精神和作為，都一一貫注在這個奮鬥方向之上。

　　經國以為這就是我們對黃埔的光榮歷史和傳統精神的繼志承烈和發揚光大。

　　今天，同時也是中正國防幹部預備學校成立四週年的校慶紀念，經國希望全體師生認識創辦中正國防幹部

預備學校的目的，是在於教育和訓練陸海空三軍優秀的
幹部，在黃埔精神這一主流的啟導之下，承先啟後，
再造光輝燦爛的績業，在我們黃埔師生、國軍官兵的手
裡，共同完成復國建國的大勳大業。

6月17日　星期二　端午節
上午

九時十分到達慈湖，恭謁先總統蔣公陵寢致敬。

十時，至圓山飯店理髮。

十時五十分，至士林官邸。

今日在大直寓所曾約見蔣秘書長彥士。

6月18日　星期三
上午

九時，主持中常會。

在黨部曾見宋主任委員時選。

今日曾另見汪顧問道淵、俞總裁國華、馬秘書長紀壯。

6月19日　星期四
上午

十一時，在府見中央通訊社東京分社主任李嘉。

下午

四時三十分，在府見臺港公司董事長余伯泉。

五時，在府見美喬治城大學戰略研究中心主任克萊恩。
今日在府另見烏總司令鉞、沈秘書長昌煥。

6 月 20 日　星期五
上午
九時，在府見高部長魁元。
九時三十分，見文工會楚主任崧秋。
十時起，見歐陽璜、金樹基、孔令晟。
十一時約見中央選舉委員會全體委員，期勉該會以公正、公平、公開的態度，辦好選舉，共同貫徹民主憲政的重要功能，實踐民主政治的莊嚴責任。

下午
四時，在府約孫院長運璿、黃院長少谷、馬秘書長紀壯、蔣秘書長彥士、沈秘書長昌煥、張副秘書長祖詒等舉行座談。

6 月 21 日　星期六
下午
三時五十分許，與夫人至烏來散步。

6 月 22 日　星期日
上午
八時六分，乘專機飛往臺南。
九時，到達臺南市政府，聽取蘇南成市長有關南市乾旱情形及其赴美參加全美市長會議及訪問經過之口頭

報告。

隨後至嘉南農田水利會，對該會工作人員全力救旱，表
示了嘉勉之意，並且強調：「大家同心協力，必能人定
勝天。」

十時四十三分，抵達臺南縣政府，聽取縣長楊寶發有關
乾旱現象及因應措施簡報。總統昭示，已指示空軍隨
時待命施放人造雨，並希望盡可能避免農民二期水稻
轉作。

十一時五十分許，至學甲鎮巡視農田乾旱情形。

中午

在臺南縣楊縣長寓所用餐。

下午

一時三十七分，至嘉義縣政府，詢問縣長涂德錡有關一
期稻作及基層建設實況。

二時廿二分，訪問故縣長陳嘉雄之住宅，慰問其家屬。

二時五十三分，視察蘭潭水庫，適逢傾盆大雨，曾下車
在雨中漫步，連說「太好了」。欣然之情溢於言表。

三時十二分，參觀嘉義市地藏王廟，隨後至中山路
三二五號飲食店吃雞肉飯。

三時五十二分，乘專機返北。

6月23日　星期一

上午

十時十八分，至圓山飯店理髮。

分別以電話詢問高雄市、高雄縣、屏東縣等市、縣長，
有關地方民眾飲用水及灌溉用水情形，指示克服一切困
難，照顧民眾，使其生活正常。

今日在府見沈秘書長昌煥、汪總司令敬煦、張部長繼
正、李市長登輝、糧食局黃局長鏡峯、宋總長長志、馬
秘書長紀壯。

今日發布命令指定毛松年、曾廣順、張祖詒、董世芳、
連戰、錢復、施啟揚、何宜武、柯叔寶，為僑選增額立
法委員及監察委員遴選工作委員會委員，並指定毛松年
為主任委員。

晚

打電話給中鋼公司，詢問煉鋼高爐是否因缺水而影響正
常運轉，南部工業用水供應是否充裕情形。嗣獲悉一切
正常，始感欣慰。

6 月 24 日　星期二

上午

九時三十分，見何恩廷（新任警政署長）。
十時，主持軍事會談。

下午

四時，在府約孫院長運璿、黃院長少谷、馬秘書長紀
壯、蔣秘書長彥士、沈秘書長昌煥、張副秘書長祖詒等

座談。

另見汪顧問道淵。

6月25日　星期三

上午

九時，主持中常會，通過人事案如下：文工會主任周應龍、副主任黎元譽；中視董事長楚崧秋；正中書局總經理蔣廉儒；財委會副主任李增榮；中影董事長黎世芬；中廣總經理蔣孝武。

在府見張副秘書長祖詒。

6月26日　星期四

上午

十時，見軍方調職人員林思聰少將、張運慶少將等二員及三軍大學戰爭學院正六十九年班畢業派職人員戴鍔少將等二十九員。

十一時許，見沈顧問之岳。

十一時三十分，見中影公司董事長辜振甫。

下午

三時，主持中央工作會議。

6月27日　星期五

上午

九時三十分，在府接見瓜地馬拉前國會議長博朗哥。

十時，本府舉行國父紀念月會與宣誓典禮，由總統主持

並監誓，聯合勤務總司令蔣緯國上將在會中宣誓。另
由外交部長朱撫松報告訪問中美洲及加勒比海地區六國
情形。

另見謝副總統、朱部長撫松、民航局毛局長瀛初。

6月28日　星期六
上午

七時三十分，蒞臨三軍大學，與各學院正六十九年班畢
業學官共進早餐，餐後約見畢業學官代表十人，並聽取
簡報。

今日在府見沈秘書長昌煥、宋總長長志。

6月29日　星期日
上午

九時半，乘專機抵達臺東空軍志航基地，聽取聯隊長簡
報，並有所嘉勉。（由蔣秘書長彥士陪同）
十時二十分，巡視岩灣區段隧道工程。
十時四十分，至卑南新站，因此站為南迴鐵路起點，曾
囑蔣聖愛縣長撿起一塊石頭向空中擲出，象徵開工，且
預祝施工順利。
十一時後，巡視三〇五師師部、太平臺東一次變電所及
太平榮民之家。

下午

一時許，由臺東飛抵花蓮機場，在機場餐廳進午餐。

一時五十五分，至吉安站視察寬窄軌均可行駛之鐵路
「四線道岔」，對我國工程人員為克服困難而能有此設
計，極為稱許。

二時二十五分，途經壽豐鄉池南村，曾停車訪問老榮民
楊忠勇。

三時十分，至鳳林鎮大榮里，與正在工作之農友們招呼
致意。

三時二十分，巡視箭瑛大橋，並對因公殉職之張、鄧兩
位老師家屬致慰問之意。

四時廿八分，巡視吉安鄉公所及民眾服務站，然後乘機
返北。

6月30日　星期一

上午

九時三十一分，至圓山飯店理髮。

今日在府見張資政寶樹、蔣秘書長彥士、陳副秘書長履
安、馬秘書長紀壯、汪顧問道淵、組工會梁主任孝煌。

7月1日　星期二

上午

十時，主持財經會談，提示政府各部門，必須通盤合作，努力維持經濟成長，緩和當前物價衝擊，迅速採取措施，協助南部農家減少乾旱損失，詳加規劃，輔導各級畢業學生，加入國家建設行列。

見張副秘書長祖詒。

下午

四時五十分，在府授勳參謀總長宋長志上將。

五時，以茶會款待行政、司法兩院首長與有關人員二十八人，嘉勉彼等為籌劃實施審檢分隸的辛勞。並期勉大家，繼續為維護司法尊嚴、端正司法風氣，革新法務，疏減訟源，作進一步的努力，來為我國司法展開新的光輝史頁。

財經會談提示

一、今年一月至六月的我國經濟情況，由於受到石油價格不斷上漲和國際經濟不景氣等相關因素的影響，以致我國上半年的經濟成長，雖然尚能保持百分之七的成長率，但比較過去很明顯的已屬緩慢，而且在這半年中我們的國際貿易出現了逆差，加上國內物價的連續波動，這些都是我們經濟正在開始遭遇困難的信號，需要我們面對現實，採取因應措施，尤其財政、經濟和金融各部門，必須多方面協調配合，以使外來對我的不利影響減低至最小程度。目

前我們國內財政狀況良好，金融正常，儲蓄及外匯
存底均仍在增加，因之具備景氣回升的潛力，希望
政府與民間密切合作，使下半年的經濟不但不致萎
縮，而且繼續上升成長。這是十分複雜和重要的工
作，所以大家必須全力以赴。

二、為了貫徹經濟安定的基本政策，首先必須要從穩
定物價著手，而與物價有密切關係者莫過於石油價
格。事實上，自從民國六十三年國際石油危機開
始，石油價格從每桶一點九美元漲到現在的三十至
三十二美元，物價上漲的必然性勢不可免。但面對
此一情況，我們盡一切可能，採種種措施，儘量緩
和物價上漲的衝擊，不使國民生活和經濟發展因物
價上漲而受到劇烈影響，凡在本身力量可以避免刺
激物價的任何因素，必盡力避免，可以克服的任何
困難，必盡力克服，尤應注意防止操縱、壟斷等不
法情事，過去如此，現在如此，將來亦必如此。因
此在處理這一問題上，政府各部門必須通盤合作，
摒絕本位主義，一切作為，均須看到全局，以統合
的力量，來遏阻物價上漲給國民經濟帶來的威脅。
這是安定社會、安定民生的重要任務，雖然艱鉅，
但必須做到。

三、為了照顧農民利益，政府已經決定肥料售價不漲，
並且提高收購稻穀價格，這一政策，絕對正確。但
最近南部地區久旱不雨，可能有礙耕作，影響農民
收入，如何協助農家減少乾旱損失，請有關部門迅
速研究，並立即採取行動。

四、基隆八斗子漁港，幾經波折和困難，終告完成，
其中經過，本人大多身歷其境，茲見竣工，深感欣
慰。同時，南迴鐵路今天開工，則是又一重大工程
的開始，凡此事實，皆顯示政府以大量投資，不斷
開發地上和海上資源和電力，乃是為了國家的強大
壯盛，作百年大計的打算，今後為了國民的福祉，
國家的利益，將有計劃的作更多的建設，更大的發
展，使我們三民主義的社會更繁榮、更進步，至望
大家為此目標共同努力。

五、本年暑期各級學校畢業學生準備進入社會就業人
數，據估計在二十三萬餘人左右，是一支龐大的人
力，是國家的菁英，如何妥為輔導，善為運用，有
效引進國家建設行列，希政府有關單位詳加規劃，
協同民間機構，推動辦理。

六、國步雖多艱難，但全國同胞精誠一致，萬眾一心，
齊為自立自強，奮鬥不懈，因此過去許多挫折、波
動、衝擊，都能逐一渡過，漸趨穩定，深望國人共
策共勉，同心同力，繼續創造發展，為開拓國家光
明前途，發揮才智，作更多貢獻。

7月2日　星期三

上午

九時，主持中常會，在聽取臺北市長李登輝率領中華民
國市長友好訪問團訪美報告後，認為該團此次訪美，對
促進中美兩國人民友誼，溝通僑胞情感與意見，具有重
要貢獻。並且對該團訪問人員的辛勞，表示慰勉。

常會後，見駐日代表馬樹禮、財委會副主委林運祥、林
洋港、黃杰。

7月3日　星期四
上午

九時，在府見吳大猷。

十時，分批見軍方調職人員王若愚少將等十人、周其少
將等九人、吳培義上校等九人。

下午

四時三十分，見徐賢修。

今日在府另見馬秘書長紀壯、宋總長長志、俞總裁
國華。

7月4日　星期五
全國行政會議今在臺北市僑光堂揭幕，總統特頒發書面
致詞，期勉全體行政人員存誠務實，求新求行，共同致
力於參與、溝通、團結、安定與進步。並要大家堅確體
認：大莫大於全民利益，高莫高於國家建設，急莫急於
反共復國。

上午

九時，至天母訪晤陳立夫資政。

十時二十四分，至榮民總醫院探視張羣先生。

今日在府曾見沈秘書長昌煥、高部長魁元、蔣秘書長彥士、魏顧問景蒙。

全國行政會議書面致詞

行政院孫院長並轉全國行政會議全體同仁：

今天行政院舉行全國行政會議，這是現階段國家建設中一個十分重要的會議。多年以來，全國行政工作同仁，在行政院孫院長的卓越領導之下，無論政治的建樹、行政的改革，對於國家社會都有重大的貢獻，而且日在進步之中。經國深深感到佩慰。

講到行政會議，過去行政院和省市政府，歷年都曾舉行過行政檢討會議、行政座談會，但是這一次行政會議，不止是局部性、個體性問題的檢討策劃，而更著重於加強對中央政策的了解、對中央和地方行政意見的溝通、地方建設和基層建設的拓展，尤其是對於民眾意見的重視、為民服務的加強和民眾利益的維護與促進。可以說，這次行政會議，就是研討如何在行政上貫徹民眾意見、樹立現代化政治功能的會議。

現代民主國家的發展，大體可分為三個相輔相成的發展面：一是政治的發展，也就是全民對於政治的參與；一是經濟的發展，也就是全民生活的改善和富足；一是行政的發展，也就是政府行政效率功能的加強。我們的國家，可以說一直都朝向這個方向發展，而且由於全體人民和政府同仁的團結合作，政治發展、經濟發展和行政發展這三個相輔相成的發展面，已經有了非常重大的成就，也可以說，由於這許多發展面的成就，我

們在國際間已造成了三民主義國家建設的重要形象和
模式。

　　但是，正由於我們政治的發展，所以政治參與擴
大，而民主憲政法治的功能，都在加強發揮；由於我們
經濟的發展，所以民生經濟普遍發達，而經濟結構也正
在改變；由於政治和經濟的發展，所以社會一天比一天
繁榮進步，而帶來社會變遷、社會結構的改變，尤其是
隨之而要求的行政的發展，當然也就日益迫切。

　　這是從當前我們內在情形的一面而言，從另一面情
勢來說，我們現在要因應國際政治的衝擊動盪，更肩負
著消滅共匪、反共復國的重大任務，面對著這許多時代
的、情勢的複雜變化和要求，我們在制度、政策上的
一切作為，自然更要經由行政一切措施和作風作法，來
適應，來把握，來預定各種計畫，來貫徹國策方針。因
此，無論從那一個角度來看，今天行政現代化的要求
──行政的革新、政風的整飭、為民服務精神的發揮激
勵，比之以往就更加重要，要更進一步去推動加強。

　　經國常常到各處去訪問，深深感到一般行政確實有
進步，足見我們一般行政工作同仁，尤其基層同仁的努
力，但是覺得還有兩種現象，必須改進革新。一個是工
作觀念和方法，不能盡合現代化國家的要求，我認為這
主要是由於在職訓練的不足，今後行政院和省市機關，
特應注重一般性和專門性的訓練。另一現象，就是一般
民眾有某些問題發生的時候，不知道究竟如何得到協助
解決，或者不知如何去辦理，或者對於某些切身有關的
政令法規，不了解其意義，因此遭遇到許多不便，甚且

產生疑慮，我認為這就更須基層工作同仁，有學識、有理解、有耐心、有信念，主動去為民眾服務、說明和協助解決。

各位同仁！經國由此還要向各位指出的，就是在當前我們復國建國和地方建設、基層建設，正在積極進行的時候，我們全體行政工作同仁，在行政上，都要存誠務實，求新求行，來共同致力於全民的——

一、參與——使人人集中智慧和力量，來鞏固和發揮自由民主的政治功能，共同促進地方鄉里的繁榮興盛。

二、溝通——使人人瞭解政府的一切決策，是以全民利益為中心，而人人為全民利益來提供貢獻。由政府和民眾的雙向交流，產生相互的反饋作用，而促使更進一步的相互信賴、相互瞭解、相互合作。

三、團結——使人人開豁胸襟，顧全大我，在反共復國的大前提之下，精誠無間，血肉相連。

四、安定——使人人重視社會秩序關係一己的、一家的、全社會的生活福祉，力求和諧、冷靜、安寧。

五、進步——使人人從家庭做起，從基層建設做起，從經濟社會的向上發展做起。惟有團結，才能安定；惟有安定，才能從安定中求進步。

這次全國行政會議，是由中央和地方行政主管同仁，參加研討，目的在於研討強化地方組織、做好基層建設、提高行政效率、加強為民服務。經國期望與會同仁，把握中心議題，各本工作經驗，檢討策劃，同時希望能就本人所提到的各點，共同交換意見，共勵服

務熱誠。

　　總之，我們要堅確體認：

大莫大於全民利益，

高莫高於國家建設，

急莫急於反共復國。

　　敬祝會議圓滿成功！全體同仁健康愉快！

7月5日　星期六
上午

在府見宋總長長志。

十一時，至大同之家訪晤嚴前總統。

下午

三時五十分，至圓山飯店理髮。

四時十八分，往青潭散步。

7月6日　星期日
上午

八時五十四分，乘專機飛往金門。

十一時十六分，巡視田埔水庫並聽取簡報。

下午

四時廿六分起，先後巡視民俗文化村、國軍賓館及地下醫院。對於戰地政務，地方基層建設，一天比一天進步；軍民生活一天比一天安定，感到十分欣慰。並且勉勵大家精誠團結，淬礪奮發，站在自己的崗位上，作更

多更大的奮鬥和努力。

7月7日 星期一
清晨
五時，至民俗文化村觀日出。

上午
九時，由金門乘機返抵臺北。

十一時，行政院長孫運璿，在行政院，代表總統將一枚大綬景星勳章，頒給趙主任委員聚鈺，以酬庸其主持輔導會之卓越貢獻。

今日在府見朱部長撫松、馬秘書長紀壯、蔣秘書長彥士。

7月8日 星期二
上午
九時三十分，在府見孫院長運璿。

十時，主持軍事會談。

今日在府見馬秘書長紀壯、中央黨部吳副祕書長俊才。

下午
四時三十分，在府見海外工作幹部李慶平等三十一人。

7月9日　星期三

上午

九時，主持中常會。

中午

十二時五分，在革命實踐研究院與海外工作幹部會餐並攝影留念。

今日在府見朱部長撫松、沈秘書長昌煥、宋總長長志。

7月10日　星期四

在府見張副秘書長祖詒。

上午

十時，見陸軍第六軍團司令許歷農。

十時三十分，見陸軍第十軍團司令宋心濂。

十一時，見陸軍裝訓部指揮官余燕生等九人。

下午

四時三十分，見經濟部長張光世。

五時，見美國紐約市美亞職業輔導中心主任沈大川。

五時三十分，見交通部顧問劉大年。

見宋總長長志。

7 月 11 日　星期五

上午

八時四十八分，至市立殯儀館，弔祭革命先進卓國華女士之喪。

在府見蔣秘書長彥士、馬秘書長紀壯。

7 月 12 日　星期六

總統對屏東縣沿海村落海水倒灌至為關切，今日上午特由本府馬秘書長打電話給屏東縣長柯文福，詢問受災情形，並指示妥善照顧被水困的民眾。

上午

八時四十分，抵達桃園縣政府，聽取代縣長葉國光之簡報，在簡報中特別囑咐葉代縣長：

（一）要盡量設法照顧低收入的農漁民、勞工和山胞；

（二）加強基層建設，要繼續擴大這項工作的推展，直接造福民眾；

（三）大家要團結合作，創造更多的建設成果。

隨後至新建的桃園縣府大樓工地，巡視大樓施工情形。

十時起，巡視蘆竹鄉之海湖村及大園鄉公所，並冒溽暑烈日步行二十餘分鐘，巡視許厝港口，詢問該港到現在未利用原因以及是否可能闢建為商港。

十一時三十四分，抵中壢市公所詢問市長呂河清各項地方建設進展情形。

中午

在第六軍團午餐。

下午

一時許，至觀音鄉，詢問鄉長黃金春該鄉發展情形，並參觀甘泉寺。

一時四十分，至大堀村鄉農友莊水銀家，問稻穀收穫情形，並問候其家人。

二時五十分，至新屋鄉，巡視鄉公所及下田村社區活動中心。

三時半，巡視楊梅鎮公所，詢問鎮長謝新鑑地方建設推展情形。在離去時，受到四周民眾的熱烈歡呼。

7月13日　星期日

上午

八時五十五分，抵達宜蘭縣政府，聽取縣長李鳳鳴之基層建設工程簡報，並期望基層建設工作執行人員應注意以下兩點：

一、地方基層建設不是一時的，而是長期的，如水利工程、道路工程、活動中心等，應是長期性的；凡是國家的建設，都是永無止境的，應精益求精，擴大效果，造福民眾。

二、要注重基層建設成果的維護工作，有關保養和維護的工作，中央和省均極重視，希望地方政府應特別注意。

十時廿二分，至羅東中興紙廠，參觀其新建第三廠生產

作業情形。

十一時許，至羅東鎮竹林社區巡視地方基層建設，並參觀李淡銘、李來福等農家。

十一時四十分許，巡視羅東鎮公所。然後至一心小館進午餐。

十二時二十分許，訪問羅東聖母醫院、冬山鄉市場、商店、清溝社區等處。

下午

一時十七分，參觀梅花湖風景區，指示地方應再加強開發。

一時四十五分起，先後巡視舊蘇澳鎮公所、蘇澳港、蘇澳軍港及新蘇澳鎮公所，垂詢漁民生活及蘇澳港營運情形。

二時半，轉返宜蘭市，參觀綜合體育場新建工程，然後返北。

7 月 14 日　星期一
上午

八時四十七分，至圓山飯店理髮。

下午

四時三十分，在府見沈錡。

五時，見駐沙烏地阿拉伯大使薛毓麒。

見宋總長長志。

7月15日　星期二

上午

十時，主持財經會談，並作三項提示：

（一）我國經濟正邁向新的境界，應致力於整體計畫，
　　　希望國建會專家學者，多所貢獻。

（二）新竹科學工業園區之設立，是科技發展一個新的
　　　起點，必須按照計畫積極進行。

（三）對歐洲關係，應作進一步的推展。

此外特別指示主管單位對南部農地乾旱問題及早準備輔
導轉作及其他因應措施，以減少農民損失。

下午

四時三十分，見鐵路局長董萍。

五時，見臺北市長李登輝，然後同往市立天文臺天象館
巡視，並觀賞由天象儀所放映的天象表演，認為深具教
育價值，希望市民多加利用。

在府曾見孫院長運璿、馬秘書長紀壯、張副秘書長
祖詒。

7月16日　星期三

上午

九時，主持中常會。

下午

四時三十分，見北美協調會代表夏功權。

今日曾見秦主任委員孝儀、沈秘書長昌煥、朱部長
撫松。

7 月 17 日　星期四

上午

十時起，個別約見軍方調職人員劉德敏中將等九人；分
二批約見毛玉麟上校等十六人。

下午

五時，見基隆市長陳正雄。

五時三十分，見臺北縣長邵恩新。

另見馬秘書長紀壯、林主席洋港。

7 月 18 日　星期五

上午

九時三十分，見中鋼董事長趙耀東。

十時，見東吳大學法學院長呂光。

十時三十分，見馬拉威國會議長康傑等五人。

十一時，約見參加近代工程技術討論會之美洲中國工程
師學會理事長薛昌明等二十四人。

下午

見駐美代表夏功權。

另見朱部長撫松、馬秘書長紀壯。

7月19日　星期六

晨

在圓山飯店約請司法院長黃少谷先生早餐，以預慶其
八十壽辰。

上午

九時四十五分，抵達臺北縣政府，聽取縣長邵恩新之縣
政報告，並參觀縣政資料中心。

十時五十分，巡視林口鄉公所，詢問林口新市鎮開發之
策劃與施工情形。曾特別指示邵縣長，基層建設必須使
基層民眾直接受益。

十一時卅五分，至湖南社區，曾訪問農友王聯慶，詢問
稻作收穫情形。並步行至村長黃年茂家中與其家人合影
留念。

中午

十二時許，至竹林山觀音寺參觀，並在該寺進午餐。

下午

一時十分，巡視八里鄉公所，指示鄉長林清港要好好照
顧鄉民生活，使大家都快樂、幸福。

一時五十分，巡視關渡大橋工地，聽取公路局長胡美璜
之工程簡報，並嘉勉施工人員之辛勞。

二時廿一分，至陳故上將大慶、苟故中將雲森墓園
致弔。

二時廿五分，返臺北。

7 月 20 日　星期日

上午

七時四十分，至司法院院長黃少谷寓所，祝賀黃院長八十生日。

八時七分，乘機飛往臺南市。

九時，至成功大學中正堂，弔祭王故校長唯農之喪，並慰問其遺屬。

九時五十分，至市立體育館，參觀東南亞原始藝術展以及山胞原始手藝表演。

十時許，至永福國小，參觀旅美畫家黃磊生教授之畫展。

十時半許，至安南區先後參觀了塩民社區，四草鎮海國小校區、四草古砲臺及察看四草「民俗村」之規劃情形。

十一時廿五分，至學甲寮學東里黃里長家，參觀其飼養種豬之配天農牧場。

中午

十二時許，巡視臺南市政府，然後至蘇南成市長寓所進午餐。

下午

二時十分，巡視鳳山水庫，實地了解水庫工程進度及高雄地區供水情形。

三時半，至屏東佳冬鄉，巡視燄塭村等海水倒灌地區，聽取簡報，慰問災民，並囑屏縣府儘速採取有效

防災措施。

晚

八時五十五分，至高雄市大統百貨公司參觀，親切向民
眾揮手致意。

7月21日　星期一

上午

七時，在圓山飯店邀集高雄市縣地方首長共進早餐，詢
問民眾生活、基層建設與地方政情，並指示高雄市縣要
充分合作，加強建設，造福民眾。曾特別詢問高縣縣
長黃友仁有關農地重劃工作與六龜孤兒院院童房舍興建
情形。

九時三十五分，抵達西子灣，視察中山大學，聽取校長
李煥之建校簡報，並期勉全體教職員，共同努力，辦好
學校，達成政府與同胞對該校的期許與希望。

十時十六分，參觀高雄市中正文化中心，聽取簡報，並
慰問施工人員。

十時四十二分，由高雄乘機返北。

下午

四時十一分，至圓山飯店理髮。

在府見馬秘書長紀壯、張副秘書長祖詒。

7 月 22 日　星期二

上午

十時，主持軍事會談。

下午

四時，在大直寓所觀賞「古寧頭大戰」影片。

7 月 23 日　星期三

上午

九時，主持中常會，在聽取農發會「臺灣農業生產與農家所得」之報告以後，提示從政同志，必須全力貫徹改善農民生活，提高農業生產，加速農村建設之基本方針。並就農地重劃、農產品運銷、改進農業技術、提高單位面積產量、加強農業研究試驗工作、增闢產業道路及加強醫療設施等，分作指示，責成從政同志切實實施。

下午

四時，見公路局長胡美璜。

五時，見僑委會委員長毛松年。

五時三十分，見黨史會主任委員秦孝儀。

今日在府曾先後見蔣秘書長彥士、本府第三局陳局長履元、張副秘書長祖詒。

7月24日　星期四

上午

十時起，在府見軍方調職人員二十四人，其中個別見者
為陳守山中將一人，分二批集體見者為王文甫少將等
十二人及趙知遠少將等十一人。

下午

四時，在三軍軍官俱樂部以茶會款待參加國建會人員和
眷屬共四四二人，致詞勉勵共同努力創造國家光明前
途，塑造「大智、大仁、大勇」的國家形象。

今日在府曾見蔣秘書長彥士、馬秘書長紀壯、秦主任委
員孝儀、臺北市立中興醫院熊院長丸。

六時三十七分，與夫人至陽明山孝文先生寓所晚餐。

六十九年國家建設研究會茶會致詞

　　今天能夠看到各位濟濟一堂，共同為國家建設而貢
獻心智，經國內心感到非常高興。尤其是在這國家多難
的時刻，國建會連續舉行進入第九個年頭，各位無分國
內國外，都是本著「知識報國」的熱誠，以「共赴國
難」的志節，踴躍參加，令人感佩。而這也正代表著中
華民族忠義氣節的典範，所以經國首先要向各位表示由
衷的歡迎和敬意。

　　想必各位都能瞭解，目前的國家處境風雨如晦，但
風雨只是一時的，光明才是永恆的。中華民國的奮鬥事
實，已經向全世界證明了：風大雨大，都沒有我們的信
心大；風強雨強，都沒有我們的決心強！今天我們可以

昂起頭來肯定的說：再多的風雨，只有促使中華民國更堅強；再多的衝擊，只有促使中華民國更奮發！

如今的國際情勢，是一個敵友不分，是非不明，而且道德勇氣淪喪的混亂局面，在這樣濁浪翻騰的世局之中，我們中華民國的努力目標是什麼？我想各位都會同意，我們整個國家一直都在致力以求的，乃是要在全世界的觀念中，建立起我們中華民國應有的、正確的形象，那是一個智者的形象，是仁者的形象，更是勇者的形象，而這形象首先要在我們全體國人自己的心目中建立起來，更要從我們全體國人所表現的作為，所煥發的精神中刻劃出來，並且加以發揚光大。

智者的形象，是具有「智者不惑」的堅定和自信。我們絕不惑於當前世局中的各種迷陣，更不惑於共匪的種種詭計和陰謀，因為我們擁有優良的民族文化、崇高的國家目標、遠大的政策方針、以及一貫的基本原則，使我們堅信，實踐三民主義，力行民主憲政，乃是國家建設的唯一康莊大道，所以消滅共黨匪偽政權，光復大陸國土，乃事理之所當然，也是救國家的唯一途徑，其明足以燭理。因之，儘管世亂紛紜，儘管國步多艱，但我們對立國之道，把握得非常嚴謹，對處變之理，更是看得非常透徹，毫無疑惑。我們深知，越是在世局迷惘中，越需要高瞻遠矚，往深處想，往遠處看，然後才能洞達，相信在中華民族浩浩蕩蕩的生命之流中，共產主義頂多只是短暫的、一小股的逆流而已。只要我們國人都能具此明智，以大家的慧識與遠見，掌握著正確方向，那就毫無疑問必能得到最後的勝利！

　　仁者的形象是具有「仁者不憂」的安詳和鎮定。我
們絕不擔憂眼前的處境，更不擔憂未來的國運，因為我
們深信，「仁者無敵」而「暴政必亡」，這是中國歷史
上顛撲不破的定律，也是世道運行的真理。我們本著
天下為公的仁心誠意，光明磊落，理直氣壯，所以無所
憂慮，也所以堅信，以仁制暴，雖一時艱苦，終久必能
得勝。因之，我們的一貫國策是以仁為本，全面推行仁
政，一切措施都以仁民愛物為基礎，以造福民眾為前
提。只要我們決心繼續依照三民主義的理想，把復興基
地建設的繁榮進步、安和樂利，擴大影響，發射光芒，
我們有充份信心，這份光芒必將照耀大陸，鼓舞民心，
嚮往著三民主義仁政的普行全國，成為重建中華的貫日
長虹，輝映神州。

　　勇者的形象，是要具有「勇者不懼」的沈著和剛
毅。我們絕不畏懼任何橫逆，更不畏懼任何挑戰，因為
我們深知，大敵當前，唯有愈艱苦、愈奮勇，挺身而
出，以鐵肩擔道義，以「舍我其誰」的氣概負起時代使
命，我們的民族生命才能有出路，全體中國人的人心才
能有寄托。而且我們理足以勝私，氣足以配義，何懼之
有？所以雖然今天國際逆流汎濫，但越在最險惡時刻，
我們越能發揮至大至剛的無畏精神，為了民族的尊榮，
為了國家的福祉，「自反而縮，雖千萬人吾往矣」。歷
史必將證明，在滔滔赤禍中，中華民國乃是頂天立地，
為反共事業貫徹始終而終能贏得反共勝利的中流砥柱！

　　各位先生、各位女士，今天的政府雖還不敢以已能
做到「大智、大仁、大勇」來自許，但我們正在盡力去

做一個為國為民的政府，一個敢作敢為也是有守有為的政府。當然，世界上沒有十全十美的政府，我們也不例外，亦就是難免會有錯誤，不過我們也會有「知過必改」的勇氣，所以在各位費心研究國家建設的時候，經國特別希望大家都能知無不言，言無不盡，一本愛國赤忱，多多提出坦率的批評、建議和指教。

國家的光明前途，需要大家來共同開創，國家的正確形象，更需要大家來共同塑造。讓我們共同以建立「大智、大仁、大勇」的國家形象來相互勉勵，使我們海內外一條心，為此目標，共同努力，早日完成光復大陸，再造中華的神聖使命！

最後，讓我再一次的向各位表示熱烈歡迎之意，並且祝福大家身體健康，事業順利。

7月25日　星期五
上午

九時起，在府分二批約見革命實踐研究院行政機關主管工作研討會第一期參加研討人員高育仁等二十五人。

下午

三時十九分，至榮民總醫院檢查牙齒。隨後在榮總分別探視陳故副總統夫人及張羣先生。

7月26日　星期六
上午

十時，在府約孫院長運璿、黃院長少谷、馬秘書長紀

壯、蔣秘書長彥士、沈秘書長昌煥、張副秘書長祖詒、
吳副秘書長俊才、梁主任孝煌等舉行座談。

另見俞總裁國華。

下午

七時，在大直寓所約余南庚教授夫婦、孫院長運璿夫
婦、趙主任委員聚鈺夫婦、馬秘書長紀壯夫婦、孫義宣
先生夫婦等晚餐。

7月27日　星期日

上午

八時半許，抵達苗栗造橋鄉，巡視九車籠至二寮坑道路
施工情形。

九時，至後龍鄉察看明德水庫。

九時二十分許，巡視頭屋鄉公所，隨後至新和昌製茶
廠，參觀其製茶工程。

九時四十七分後，巡視嘉盛東路改善工程、駐苗栗第二
九二師師部、銅鑼鄉之工業區管理站及雙峯道路工程。

十一時許，訪問三義鄉百吉雕刻藝品行。

中午

十二時二十分，巡視勝興村及火車站。

在后里軍部工兵五二八營第三連進午餐。

下午

一時許，訪問臺中縣長陳孟鈴之寓所。然後至豐南國

中，巡視該校運用基層建設輔助經費所擴建之體育場
地，並曾至該校校長及教務主任之宿舍訪問，詢問彼等
生活情形。

一時半許，至朴子社區，訪問民眾。

二時許，巡視石岡水庫。並至石岡「五福臨門」，觀賞
神木。

二時十六分後，訪問龍興村村長，巡視興隆社區及鄰里
道路修建情形。

三時五十分，巡視和平松鶴社區。

六時半許，在武陵農場晚餐。

7 月 28 日　星期一

上午

七時半許，至福壽山農場，環視滿山滿谷，結實纍纍之
水蜜桃和蘋果，對開墾之榮民慰勉有加。

八時半許，巡視德基青年活動中心及德基水庫。

十時四十分，抵達卓蘭果菜市場，向鼓掌歡迎之大家問
好；並向果農們詢問水果收成及收益情形。

十一時五分，至內灣里東盛社區民眾活動中心，參觀托
兒所。隨後又參觀了果農劉春有所經營的葡萄園，並祝
福果農們「四季發財」。

十一時四十分，巡視卓蘭鎮公所，慰問工作人員。

下午

一時許，巡視大湖鄉恭敬橋改建工程。

一時二十分，訪問長青藝術陶瓷有限公司、公館鄉大坑

社區活動中心及行修宮。然後返回臺北。

7月29日　星期二
上午

八時五十三分，至圓山飯店理髮。

九時四十分，在府見新任駐賴索托大使張炳南。

十時，主持國父紀念月會。法務部部長李元簇、政務次長王甲乙，以及駐賴索托王國大使張炳南在會中宣誓，由總統為之監誓。司法院院長黃少谷並在會中報告「審檢分隸與司法革新」。

十時三十分，見孫院長運璿等五人。

下午

三時五十六分，巡視臺北市政府，垂詢市政工作及有關臺北地區供水情形。並囑李登輝市長轉達市民：「有水之便，應思無水之苦，人人節約用水，家家嚴防火災。」

今日在府另見宋總長長志、朱部長撫松。

7月30日　星期三
上午

九時，主持中常會。

十時三十分，在黨部見駐新加坡代表張彼德。

下午

四時三十分，在府內大禮堂以茶會款待中央研究院院士
吳大猷等（暨夫人）一五六人。並致詞指出，政府今天
在「治國」的工作上真是任重道遠，渴望借重學術界的
智慧與識見，來共同努力，為福國利民而貢獻心力，以
使國家臻於「至善」之境。

在府曾見朱部長撫松、沈秘書長昌煥。

招待出席中央研究院第十四次院士會議
海內外院士茶會致詞

錢院長、各位先生、各位女士：

中央研究院從今天開始舉行第十四次院士會議，在
這炎熱的天氣，各位院士先生冒著盛暑來參加會議，會
前會後還有許多學術活動，經國對於各位忠於學術的負
責態度和不辭辛勞的敬業精神，深深欽佩，特別是對海
外遠道歸來的各位院士，長途跋涉，心向國家，更要表
示由衷的歡迎和敬意。

中央研究院是中華民國學術研究最高機關，負有從
事科學研究和指導獎勵學術研究的光榮任務，各位院士
都是在學術界卓著成績、譽滿士林的碩才俊彥，所以中
央研究院成立五十二年以來，即使在國家極為艱難的時
刻，對提高國家學術地位，促進國家建設發展，一直都
有積極而重大的貢獻，這是諸位院士和全體研究同仁，
本著學術報國的志節，孜孜不倦，默默耕耘，付出心血
與智慧的結果，也達到了我們中國人要求於「士」有所
謂「士不可以不弘毅，任重而道遠」的境界。

　　學術研究的發展，有鑑於良好的研究環境，這包括充足的設備、優秀的人才和寧靜的園地，而我相信，在所有學者心中更為重視的，可能是自由的和平等的學術研究，也就是任何一種學術都應有它獨立的地位，但沒有那一種學術可以壓倒其他一切，也沒有那一種學術可以位於一尊，只有自由的思想，自由的研究，才是促使學術進步的主要因素。我完全同意這一看法，而且我還可以說，如果從這角度來看，中華民國實在已給學者們提供了自由的學術環境，政府也一向尊重學術自由，中央研究院的學術氣氛和研究精神，便可代表我們學術環境獨立的與自由的典型。

　　當然，學術自由是重要的，但它之存在，是以必須要有一個開放的、民主的社會為前提，也就是必須有個自由、平等的政治制度，才有自由、平等的學術環境。在極權統治像共黨那樣的暴政之下，是根本沒有學術自由可言的。因之，我們珍視學術自由，更要珍視民主法治的政府體制。

　　同時，學術自由誠然是崇高的，但學術研究更應有其崇高的目標。換言之，學術研究不應僅為學術而學術，自隱在理想中自由美滿的學術之宮，而與現實的時代和社會脫節。因之，經國個人覺得，學術不能單為研究而研究，除了追求真理之外，至少還應該具有兩個積極的目標：一是促進世界的和平與福祉，一是改善人類生活的品質和內涵。基於這兩個目標要求，學人之作學術研究，應以人類文明進步的動力為己任，使知識日新，使學術發光。我想我們「大學」一書中所說的

「格物、致知、誠意、正心、修身、齊家、治國、平天下」，不但是做人做事的大道理，也是做學問的大道理，最終目的，在求一切事物的止於至善，指出了一個學人做學術研究的理想抱負。

今天我們政府在「治國」的工作上真是任重道遠，渴望借重學術界的智慧與識見，來共同努力，為福國利民而貢獻心力，以使國家驤於「至善」之境。目前我們正在全面推動的各項國家建設，在在需要各門各類科學的理論、新知，以至技術的指導與協助，深盼學術界的研究能夠配合國家建設的需要，提供研究成果，尤望中央研究院的院士，能以「士」的弘毅，和學術研究的領導地位，本著發揚中華文化的傳統精神，恢宏「倫理、民主、科學」的哲理精義，來指引發展方向，擴大研究領域，提高我們的學術水準，而為國家建設開拓久遠的宏規！

這次院士會議出席的人數是歷年以來最多的一次，也是回國與會院士最多的一次，而且是停留國內時日最長的一次，凡此都足以顯示，學術研究和國家前途的結合更為密切。經國在此誠摯的請求各位院士先生對於國事多多提示意見，多多指教。

敬祝會議成功，大家身體健康！謝謝各位！

7 月 31 日　星期四

下午

三時三十分起，在府分三批見革命實踐研究院行政機關主管研討會第二期參加研討人員王徵麟等二十五人。

今日在府另分別見馬秘書長紀壯、宋局長楚瑜、魏顧問
景蒙、張資政寶樹、汪顧問道淵。

8月1日　星期五

本黨六十九年黨務工作會議，今起在木柵青邨舉行，主席在書面致詞中，勗勉全黨幹部同志，以革命民主政黨的革命精神和民主功能，突破艱難的環境，帶動國家的進步。並且強調：本黨是執政黨，是全民的黨，政策必須出自民意，所以一定要重視經由選舉來表達民意、尊重民意、伸張民意。

中國國民黨六十九年黨務工作會議書面致詞

各位同志：

今天舉行本黨六十九年黨務工作會議。

這次黨務工作會議，主要的任務，就是期望本黨所有黨務工作同志——

第一、要深切體認在當前的環境之中，我們的黨必須顯示新的形象，發揮新的力量，創造新的機勢，以革命民主政黨的革命精神和民主功能，來突破艱難的環境，帶動國家的進步。

第二、要深切體認在當前這一共同要求之下，我們唯有人人勇於面對現實，人人勇於為主義奮鬥，集中所有的智慧能力，刻意革新工作方法，革新觀念作風，我們的黨才能顯示新的形象，才能發揮新的力量。

第三、要深切體認本黨是執政黨，是全民的黨，政策必須出自民意，所以一定要重視經由選舉來表達民意，尊重民意，伸張民意。我們一方面要透過從政同志的共同努力，一心一意的辦好所有

的選舉，也要求本黨的同志，支持政府，來切
切實實辦好所有的選舉。

實在說，世界的局勢，雖時時都在變，也處處都在
動亂，但是世界局勢的變化動亂，無論到了何等劇烈的
程度，而我們卻始終能夠堅確操持目標原則。安定政治
秩序，發展民生經濟，這主要是由於我們有主義和國策
的正確指導，我們有總理和總裁的偉大精神和指引，我
們有全黨同志堅苦卓絕的奮鬥，我們有海內外和大陸同
胞的衷心支持。因此我們一直莊敬自強，在艱彌厲。

三十年來，我們在臺澎金馬復興基地，開展了整體
構想和策劃下的三民主義國家建設——無論政治建設、
經濟建設、國防建設、社會建設、文化建設……各方
面，無一不是我們大家勤奮辛勞、一點一滴創造成的。
國際間常常稱譽我們這種進步情形，是一種奇蹟，事實
上，卻是我們人人流汗、人人盡力的光榮結果。

同時我們必須有一層深刻的認識，政治、經濟、社
會各方面的發展，帶動了全面的進步，使人人受益，使
大家都能享受三民主義國家建設成功之果，然而在進步
中卻同時也難免產生不盡理想的一面，這種情形，是
任何一個開發中的國家所習見的現象。可是，在我們的
社會，所謂不理想一面出現的程度為害則不深。大家應
該都能體會出來，這主要就是因為基於三民主義所釐訂
的政策措施，能夠盡量減輕西方國家在進步中產生負面
的不良現象，而發揮其建國的積極作用的原故。這一個
「趨其利而避其害」的理想和實踐，在總理遺教和總裁
遺訓中，都能一一覆按印證。

　　可是，今天，我們全黨同志，必須警覺注意，雖然這種現象受害不深，如果我們不能在思想上加以矯正，在觀念上使之端正，在政策上予以導正，那我們就將遭遇到進步的困難，更阻滯了發展的進程，而滋長社會問題的弊害。何況本黨既是全民的黨，民眾的利益就是我們黨的利益，所以我們一定要溝通民眾的意見，一齊來全力消除有害民眾利益的任何不良現象。

　　尤其是在共匪敵人謀我正急、世局動亂擴大加深，而全民更期望我們強化政黨功能、積極為民服務的時候，我們全黨同志，尤其黨務工作同志，要能無畏於外在的橫逆，而埋頭苦幹；也不作沙中的駝鳥，而面對現實，大家認清環境，把握方向，使我們在進步中為民造福的良好的一面，進步更進步；讓我們把所有在進步中伴生的不理想的一面，革新再革新，不為心理上的敵人，當面的共匪敵人所乘，而真正的造福於民，使我們的黨，自然的必然的樹立其新的形象。

　　在本次黨務工作會議中，有兩項主要的研討議題：一個是貫徹十一屆四中全會的決議案暨七十年度中心任務，這是我們在現階段所要積極完成的工作，希望全體同志努力以赴，另外一個是有關輔選的問題。對於政府在今年辦理的增額中央民意代表選舉，本黨所期望的，就是：

——公正、公平的選舉，切實執行選舉罷免法的規定，貫徹民主憲政，奠定國家長治久安的基礎；

——團結、和諧、民眾守法、政府守信，選賢與能，為民服務；

——本黨是要在「一切為民」的總目標之下，以國家建
設、基層建設的成績，以三民主義堂堂正正的旗
幟，以黨務工作的全面革新，以對候選同志的嚴格
紀律要求，來參加競選，來辦好輔選。

所以對於選舉和輔選，所有的黨員同志，人人都當
盡責任。

各位同志！在這個國脈民命、存亡安危決於俄頃的
時刻，本黨在革命的大形勢中所處的地位，是一個砥柱
中流、再造中興的地位；扮演的角色，是一個引導的服
務的角色，所以我們信心堅確，責無旁貸，要如總裁
所昭示的，人人作非常之人，「使復國建國的非常之事
業，一切都能以革命精神鑄成之。」

8月2日　星期六

今日各報發表主席在本年六月廿六日中央工作會議中之
講話全文。（指示辦理選舉的政府部門和辦理輔選的黨
務工作同志，必須本著公平、公正、公開的大原則，辦
好此次增額中央民意代表之選舉。）

下午

三時四十二分，至圓山飯店理髮。
四時十五分，至中央氣象局，聽取近期天氣預報情形，
藉以了解要到何時才能解除旱象。
五時，親臨黨務工作會議會場，在閉幕儀式中，向全體
出席同志致詞，引述總理「革命尚未成功，同志仍須努
力」的遺教，和總裁「以國家興亡為己任，置個人生死

於度外」的遺訓，勉勵大家恪遵遺教遺訓，集中意志，集中智慧，集中力量，為國為民，堅強奮鬥，共同創造復國建國光明的前途。

五時四十分，與出席同志聚餐，勖勉全黨同志樹立黨譽，造福民眾，體現本黨黨員為國為民的精誠志事。

六時十八分，前往青潭堰水庫，察看水源情形，特囑李登輝市長轉達市民，希望大家節約用水，以共度枯水期。並提示市政府要妥善處理飲水問題，提供市民最好的服務。

中央工作會議講話

這次增額中央民意代表選舉，在未決定以前，大家對於選舉的日期及增加名額等，極為關心，且有不同的意見。中央經多方考慮之後，已經有所決定，同時選舉罷免法也通過，一切成為既定的政策。現在所要做的，就是如何來貫徹此一重要政策。

其次，對於這次選舉，希望大家在選舉之前、選舉期間、以及選舉之後，要創造一種新的政治氣象，也就是我們不是為選舉而求革新，而是要在革新中來辦好選舉，亦就是要做到革新、選舉、再革新。尤其是我們從政同志必須要以這樣的基本精神，來辦理選舉事務，更要認清、辦好選舉，不但是為了要推行民主憲政，而更要為國家作長治久安之計。

因之我對此次選舉，有幾點意見要分成兩方面來說：

第一、對政府部門來說，我們的從政同志，大家都應

具有正確的政治認識，並且勇敢的負起政治責任，來辦好這次選舉。那就是必須本著公平、公正、公開的大原則，切實依照選舉罷免法的所有規定，無偏無私，嚴格執行，做到法律之前，人人平等，為選舉罷免法建立起權威，而使這次選舉能在和諧而有秩序之下順利進行，也為我們民主法治的昌明隆盛奠定基礎，那麼這次選舉的圓滿成功，便是我們執政黨的勝利成功。這是我對此次選舉提出的首要目標，希望各級選舉委員會的從政同志，對此都能深切體認，以國家的長遠利益為第一，認真負責，嚴明執法，把這次選舉辦得成為清清白白，至公至正的選舉。

第二、對黨的方面來說，首先，中央要有一個輔選的政治綱要，其中包括現階段的政治中心主張，說明本黨的立場、態度，以及對推薦候選人的要求等等。地方黨部也要依照中央的綱要，針對地方情況的需要，訂定地方的政治主張。本黨的候選人就要依著綱要講話、表明態度和立場。所以中央各有關單位，包括組織工作會、文化工作會、社會工作會、青年工作會、婦女工作會、以及其他有關的單位，都要在八月份內訂定一個輔選工作計畫，而彼此之間，並且要互相配合。在下一次工作會議中，就各單位的工作計畫，來研究決定付之實施。

在訂定計畫之前，要整頓黨的隊伍，亦就是要加強

黨員的責任感，對於社會的組織，也要加以調查和掌握，必須知道自己的力量，能掌握的有多少？我認為下面三事，是工作上的要領：

——注重基層。

——掌握群眾。

——知己知彼。

以上幾點，如果能夠確實做到，輔選工作就能掌握了正確的方向。尤其所謂知己知彼，就是要瞭解反對者方面的意圖和各種動態。不必高估他們，也不可低估他們，但一定要瞭解透徹，事事要求真實，然後針對選情，靈活運用，發揮機動、主動的競選效果。

我更要特別提醒大家的，是我們的內部紀律一定要嚴明。這又分兩方面來說，其一是本黨的輔選工作人員和候選人，都必須絕對的守法；任何競選活動和輔選事務，一律要在法律規定的範圍內進行，不得有絲毫偏差。如有任何違背法令情事，除受國家法律制裁以外，並受本黨紀律的處分。其二是本黨提名候選人作業過程，必須以人才為本，務使賢能當選，好人出頭，絕對不得有徇私作弊情事。黨員在登記之後，是否被提名，更應絕對服從組織的決定，團結在黨的利益之下，來嚴整自己的陣容。

剛才提到各單位的輔選工作計畫，不但要本單位實行，還要彼此配合。

不脫節、不重複，充分發揮團隊精神。聯合作業的功用，不是力量的相加，而是力量的相乘，尤其是宣傳工作，不僅僅是為了選舉，更是為黨的革新。如何改進

運用報章、雜誌、廣播、電視等大眾傳播力量，要妥訂宣傳計畫來積極進行。對於政府的法令、中央的決策和本黨的政績，固然要使民眾瞭解，而地方上發生的問題和問題的怎樣解決，更要讓民眾明白。因為民眾最關心的，是他們周圍的問題，和自己切身的利益。上星期有一位地方人士對我說：政府建築高速公路來便利民眾，在民眾的印象中，可能已經逐漸淡忘了，而目前如果還有一個地方的交流道未曾做好，那他們就會抱怨。類似的事，提醒我們，在訂定計畫時，要各負其責，切忌空洞。

我們如何徹底改進黨的文宣工作，我認為宣傳必須要講求方法和效果。舉例來說，出版的書刊，不要篇幅太多。

太厚的書，就很少人看。文章要短，文字要淺，書要印得薄，要抓住要領，把握民眾的心聲，作徹底的改進。至於此次選舉的文宣工作，尤其要把握對象，在選民中，婦女所佔的百分比很高，年輕的選民則佔百分之六十到百分之七十之間，所以對社會婦女、社會青年，更要注意。至於學校的青年，亦要讓他們瞭解選舉的動態。並要特別加強青年教育工作。

此外，對於選舉，切不可患得患失。根據以往經驗，許多幹部在辦理輔選時，都有這樣的心理。須知問題在研究時應該博問週諮，多方討論，務求決定至當；既然決定了，就只有照決定的方針去辦。我常自己勉勵自己，凡是決定的事，必須加以貫徹，無論如何也比中途而廢要好得多。拿輔選工作來說，目的固然是在求

勝，對提名了的同志，當然要支持到底，但不可有患得患失的心情，而亂了方針，甚至導致輔選措施的錯誤，凡事只要光明磊落，以大公無私的態度來處理問題，就必能心安理得。

我們對同志，要發揮高度的同志愛，經黨提名的就要支持到底，絕對沒有個人恩怨的成份，而以黨的成功為第一。我們要無私無我，來辦這一次輔選。在政治方面，我們要化敵為友，化阻力為助力。不製造敵人，不製造阻力。這需要有器量及對人對事判斷正確。如果多結怨樹敵，便是製造阻力。但對污衊本黨的不實指責和歪曲言論，本黨候選人和輔選同志都應挺身而出，為本黨辯護。選情常常千變萬化，我們的政策不變，然而應付事件，卻要有機動精神來適切因應。尤其要不爭功諉過，成功和失敗，都要自己來擔當。

我們要輔助本黨的候選人參加競選，同時亦要以誠意來歡迎非本黨籍的社會優秀人士參加選舉。

過去每每因為時間不夠，沒有辦理本黨候選人講習，這次有充裕的時間，所以應研究集中或分區來辦理候選人的講習，使大家在精神上、觀念上加以統一。

選舉期間的刺激性必然很大，在辦理選舉的政府部門和辦理輔選的黨務工作同志，都要沉得住氣，以冷靜、沉著來應付各種情勢。我認為：沉著、從容、積極、堅定，是辦理選舉和輔選的應有基本精神。

選舉標語不必太多，主要為提倡守法、守信，所以我建議以「團結、和諧、辦好選舉」，「民眾守治、政府守信、選賢與能」，作為今後努力的方向。

　　信用往往要化很長時間才能建立起來，如果不慎說
錯一句話，做錯一件事，在一分鐘之內便會失掉民眾對
黨和政府的信任。所以本黨全體同志必須大大方方，大
公無私，一切公正、公平、公開，各憑良心，以良知良
能辦好黨務和輔選工作。

中國國民黨六十九年黨務工作會議閉幕致詞

各位同志：

　　總理逝世的時候，除了遺囑以外，還有「革命尚未
成功，同志仍須努力」兩句話，訓勉本黨同志。總理認
為國民革命，正在全力的繼續進行，國家建設還沒有完
成，所以要同志們為國為黨不屈不撓的奮鬥，來實現三
民主義的理想，這是總理對所有同志的懇切期望，而對
我們全黨同志來說，這兩句精神鼓舞激勵的話，實在非
常重要。而在我們總裁逝世的時候，除了遺囑以外，也
有兩句訓勉同志的話「以國家興亡為己任，置個人死生
於度外」。總理和總裁這兩位偉大的革命領袖，針對不
同的時代，不同的環境，不同的任務，都以一個共同的
目標，指示我們要為三民主義建國大業，堅強奮鬥，犧
牲奉獻。

　　今天，我們正當黨國多難之秋，深信每一位同志，
瞻望黨國前途，回想總理和總裁的遺教遺訓，一定感到
自己責任的重大，也一定感到，非精誠團結竭盡智能，
不足以達成三民主義國民革命的任務。

　　三十年來，我們在臺澎金馬復興基地，全力建設，
正是要以事實證明，我們是在實踐總理「革命尚未成

功，同志仍須努力」的遺志，而我們為國家、為本黨，努力的顯示和塑造新的形象，就是由於我們懍於總裁「以國家興亡為己任，置個人生死於度外」的遺志，在這歷史性的時刻，必須以歷史性的行動，來完成歷史性的任務，而竟國民革命將竟未竟之功。

所以，今天我們還要更進一步，使意志集中，力量集中，振奮起精神，開拓出新局，那我們必能突破當前的艱難橫逆，而操必勝必成之權。

黨務工作會議，經過兩天的議程以後，現在圓滿結束，但是會議的結束，卻正是我們的黨，求革新、求進步、顯示新的政治氣象、一個新里程的開始。

本次會議，對於輔選工作，列為研討的重點之一，從今天起，所有的工作幹部同志和全黨同志，都承接了黨所交付的「辦好輔選」的任務；從政同志，尤其都體認到自己對選舉的政治責任；而全體同胞，亦必加了解本黨「支持政府、辦好選舉」的態度和決心。

由於這一層基本認識，因此期望全體幹部同志，下定決心，振起精神，齊一步伐，立即行動，切切實實地，執行這次會議對於輔選的一切策劃和決議，把握住輔選的根本要求：

——公平、公正、守法、守信、選賢與能的選舉。

——有目標、有計畫、有體系、有方法、有準備的輔選。

——我們固然要求選舉的成功，而尤其要求獲得全面的人心。

這是經國對於幹部同志辦理這次增額中央民意代表

輔選的深切盼望。

　　本次會議，另一項重要研討的議程，就是貫徹十一屆四中全會的決議案。事實上，就本黨的任務而言，貫徹四中全會的決議案，比之增額中央民意代表的選舉、輔選和競選，毋寧更為重要。因為這一次的選舉，乃是實踐本黨四中全會決議的現階段政治建設的一項行動，而四中全會的決議案，其立案精神和主要目的，在於以我們復興基地建設的經驗，全面的加速策進國家整體建設的總目標，謀取國民全體的福祉，促進全民的大團結，開展反共復國的行動。在這項決議案中，本黨又具體的訂了十年的重要建設目標，對於政治建設、經濟建設、國防建設、社會建設、文化建設，尤其綜合開發和基層建設，無一不關繫國家前途，關繫國民福祉，所以我們幹部同志、從政同志和全黨同志，都要體認對本黨、對國家、對社會、對國民的責任，集中智慧，集中力量，來貫徹實踐，和全體同胞共同創造光輝的未來。

　　各位同志在炎熱的日子裡，在此集會，經國對於大家為黨為國，不辭辛勞的態度和精神，十分佩慰。

　　祝福大家健康、愉快、勝利、成功！

8月3日　星期日

上午

八時五十五分，抵達基隆市郊區友蚋里復興國小巡視，詢問學生學習情況。離開學校後，曾觀賞一群市民在瑪陵溪中捉蝦；並與路旁公車上之乘客握手致意。

九時八分，參觀褒忠社區活動中心；並順道訪問民營之

小康農場，場長陳長順擬以一盆君子蘭種苗相贈，總統謙稱不會養蘭，予以婉謝。

九時二十四分後，參觀天一纖維公司及偉義煤礦，瞭解生產狀況，並慰問員工辛勞。

九時五十分，抵達瑪陵國小，參觀其教學設施與學童午餐廚房。並觀賞學童們之跆拳道表演。

十時廿六分，前往安樂區新山水庫，視察儲水情形。途中忽下大雨，基隆市民都說是總統帶來了甘霖，為之歡欣不已。

十時三十八分，至澳底漁港，慰問海防官兵，並訪問漁民張石分。

十時五十分後，參觀市立室內游泳池及綜合體育場。

下午

一時半，至基隆貨櫃碼頭中心，巡視貨櫃裝卸作業，並指示港務局長袁鐵忱應加強防颱措施，以免造成損害。

二時，轉往八斗子漁港，參觀漁船卸魚情形，並慰問漁民辛勞。

8月4日　星期一

中午

十二時五十五分，在榮總住院進行體檢。

今日在府見王戰略顧問叔銘、張副秘書長祖詒、俞總裁國華、汪顧問道淵、費政務委員驊。

8月5日　星期二

上午

十時，主持財經會談，曾經提示：

（一）近來乾旱問題很嚴重，各級政府都應集中全力，
　　　克服缺水問題。

（二）盡力輔導紡織工業，解決當前出口的困難。

（三）輔導中小企業健全發展及廣建國民住宅，是政府
　　　既定政策，仍應繼續貫徹執行。

下午

四時三十分，見臺省府主席林洋港。

五時三十分，見多明尼加總統府技術部長馬丁尼斯等
六人。

今日在府曾見宋總長長志、烏總司令鉞、馬秘書長
紀壯。

8月6日　星期三

上午

九時，主持中常會。

會後，分別見黃院長少谷、海工會明副主任鎮華及蔡副
主任鐘雄、宋局長楚瑜、蔣秘書長彥士、朱部長撫松、
宋總長長志、馬秘書長紀壯。

下午

三時四十五分，在榮總牙科作超音波檢查。

8月7日　星期四
下午

三時四十五分，在榮總牙科作核子檢驗。

8月8日　星期五

見馬秘書長紀壯。

8月9日　星期六
上午

八時廿六分，乘專機飛往臺中。

十時，在陸軍成功基地主持七十年度大專學生集訓第一梯次結訓典禮。在致詞中，告訴青年同學們，只要有遠大的志向，正確的認識，充實的學能，優良的品德，一定可以出人頭地，一定可以奮鬥成功。並且勉勵受訓學生要培養大智、大仁、大勇的氣魄，成為頂天立地的時代青年，肩負起繼往開來，復興中華的神聖任務。

中午

在與集訓學生會餐時，曾再致詞勉勵青年們要重視公德，刷新風氣，樹立誠摯純潔的社會，成就國家社會的大我。

十二時廿四分，至彰化縣政府向縣長吳榮興垂詢基層建設及農田旱象等問題，並指示縣府須輔導農民轉植雜作及照顧農民生活。

下午

一時廿四分，至彰化農田水利會，聽取會長蕭耀章報告
二期稻作灌溉管理及救旱措施，曾對水利會工作人員盡
力救旱，備加慰勉。

一時卅四分，巡視員林中央市場興建工程。隨後至百
果山巡視該風景區建設情形，並訪問附近商店「小小
屋」。

二時十七分，巡視北斗鎮公所，聽取鎮長洪見洲之地方
建設報告，並指示繼續努力。

二時五十分，巡視西螺鎮基層建設之產業道路與農東
路，並勉勵鎮長廖萬金應做到盡善盡美。

二時五十五分，至振興里時，參觀農民插秧，向彼等慰
問辛苦。並到七十二歲之老里長廖慶喜家中小坐，詢問
其生活情形。

三時三十二分，抵雲林縣政府，聽取縣長林恒生有關水
田因天旱必須轉作之簡報後，指示林縣長，應盡力設法
幫助農民轉作。

四時五分，巡視斗南鎮公所，對該鎮公墓公園化表示
讚許。

五時三十一分，自嘉義飛抵澎湖馬公。首先接見澎湖縣
長謝有溫，詢問軍民飲水問題，漁民之收穫量與觀光事
業發展等情形，並指示縣府加強地方建設，造福民眾。

晚

八時後，至馬公地區，向夾道歡呼之民眾揮手致意，並
訪問合成電器行與珍奇特產店，詢問經營情形。

七十年度大專學生集訓第一梯次結訓典禮致詞

親愛的青年同學們：

七十年度大專學生暑期集訓第一梯次今天結訓。

大家來到成功嶺，已經有了六個星期。成功嶺的教育訓練，是接受文武合一的教育。是生活條件與戰鬥條件一致的教育，所以成功嶺給予大家的是愛國情操、團隊精神、軍紀要求、體魄鍛鍊和奮鬥意志的激揚踔厲，大家接受這一階段的文武合一教育，正是青年同學們走上成功之路的開始！

各位同學都知道，你們的家庭都在辛勤的培育你們，社會都正熱心的愛護你們，國家更是需要你們，所以政府在一切作為上，時時都為每一個家庭、每一個國民，尤其為國家社會下一代的青年著想，要使國民生活過得美好，青年都有發展、都有前途。這是國家建設整體的目標和政策，要使社會更繁榮，國家更進步。

因此，青年同學們都要深切的了解家庭和父兄對你們的厚愛，了解國家社會對你們的期望，在今天我們國家的環境裡，只要青年們有遠大的志向、有正確的認識、有充實的學能、有優良的品德，一定可以出人頭地，一定可以奮鬥成功！

國家是我們大家的，社會是我們大家的，大家多充實一分，對國家社會就多貢獻一分；大家多努力一分，也就能增加國家社會一分益處，也就會使國家社會為你多造一分幸福。所以青年們要由充實自己、修養自己做起，自然能「修身齊家」，進一步一齊來結結實實的為國家社會做事，為國家社會紮根，「治國平天下」。

　　青年同學們！記住成功嶺的精神是充滿朝氣、充滿
豪氣、充滿正氣，作一個雄壯威武的革命青年，作一個
頂天立地的時代青年。更要記住，青年的成功，就是國
家的成功；青年能夠表現出「大智、大仁、大勇」的氣
魄，便是代表國家「大智、大仁、大勇」的形象。也就
是今天你們努力的結果，就是明天國家社會的光輝！讓
我們一齊來為復國建國而奮鬥。
　　祝福大家身心健康、學業進步、事業成功！

8月10日　星期日

上午

七時廿六分，至金龍頭，巡視興建中之救國團青年活動
中心。

七時四十分，參觀天后宮，曾指示澎縣府，天后宮是全
臺灣最早的媽祖廟，整修時一定要維持原樣，不要破壞
古蹟。

七時五十五分後，分別巡視了中華文化活動中心第一期
工程、海軍軍區司令部、一六八師師部、東衛水庫，以
及講美村基層建設。

九時四十四分，至通樑龍德宮，受到一批越南難民與當
地民眾之熱烈歡迎。然後至魚類交易站，向漁民詢問魚
獲量及魚類價格等情形。

十時廿五分，經跨海大橋至西嶼古堡，觀賞古跡。

十時四十分，路經清心海鮮店，曾下車向店主呂酒瓶
問好。

十一時五十分，在馬公基地與飛行軍官同進午餐。

中午
十二時五十一分，自馬公飛返臺北。

8 月 11 日　星期一
上午
九時三十五分，至圓山飯店理髮。

下午
四時起，分別約見中華工程公司董長徐鼐、國防部科技顧問黃孝宗、中華紙漿公司董事長胡炘、駐馬拉威大使趙金鏞、北美事務協調會秘書長左紀國。

今日曾見馬秘書長紀壯、沈秘書長昌煥、俞總裁國華、宋局長楚瑜。

8 月 12 日　星期二
上午
十時，主持軍事會談。

下午
四時，見交通大學校長郭南宏。
四時十五分，見中興醫院院長熊丸。
四時三十分，見蔣秘書長彥士、梁主任孝煌。
另見孫院長運璿。
七時，在大直寓所以晚餐款待余南庚博士夫婦、趙主任委員聚鈺夫婦。

8月13日　星期三

上午

十時，主持中常會。

今日曾先後見李市長登輝、聯合報王發行人惕吾、宋局長楚瑜、宋總長長志、陳局長履元、馬秘書長紀壯、中鋼公司董事長趙耀東、張副秘書長祖詒、警總汪總司令敬煦。

8月14日　星期四　空軍「八一四」勝利
　　　　　　　　　四十三週年紀念日

上午

八時四十分專程前往空軍總部，向空軍官兵賀節。並請空軍總司令烏鉞上將向全體官兵轉達賀意，及對當選修護楷模的一百三十位同志的辛勞表示慰勉與嘉許。

十時，在府見軍方調職人員三十二人，其中個別見者有解顯中中將等八人，分二批集體見者有薄玉山少將等二十四人。

十一時三十分，見中央通訊社東京分社主任李嘉。

另見馬秘書長紀壯。

下午

三時，在中央黨部主持中央工作會議。曾就「現階段的政治中心主張」一文內涵及有關選舉之各項問題，分別有所提示。希望各單位間各盡其責，注重紀律，把輔選工作做好。此外對匪進行之各項統戰工作以及報刊之違法言論，均須提高警覺，下定決心，作適當之處理。

8 月 15 日　星期五

上午

在府先後見立法院倪院長文亞、海軍鄒總司令堅、馬秘書長紀壯、沈秘書長昌煥、張副秘書長祖詒、宋總長長志。

下午

四時，見美國奇異公司董事長瓊斯等三人。

四時三十分，見美國格拉曼公司董事長皮域士等二人。

五時，見蒲大宏、蒲仲強父子。對蒲大宏攜子回國參加長跑運動，以及蒲仲強今年在美國長跑競賽中創下新的世界分齡紀錄，均深表嘉許，此外曾送給蒲仲強阿里山所產的香蕉兩大盒。

8 月 16 日　星期六

上午

七時，在大直寓所約孫院長運璿、馬秘書長紀壯早餐。

八時九分，前往新竹。

九時十二分，至竹東鎮二重埔工業技術研究院，在聽取院長方賢齊簡報後，視察電腦發展技術中心CMC 一○○、中文三號電腦及精密工業機具中心設施。

十時三十分，至科學工業園區，聽取國科會副主任何宜慈之簡報，對各項工程進行順利，表示欣慰。

中午

在陸軍基地與官兵共進午餐。

十二時廿七分，參觀新竹市城隍廟，曾訪問攤販，詢問
其營業狀況。

十二時四十二分，視察了武陵路基層建設下水道工程，
然後轉往空軍醫院慰問住院傷害官兵。

十二時五十二分，視察省立新竹醫院遷建工程及仁愛國
宅社區。

下午

一時半，行至竹東鎮三角城視察基層建設產業道路及竹
東網球場。

一時四十五分，經過二重埔，曾下車訪問協昌木材行。
隨後至萬善祠參觀中元普渡祭典及欣賞金興社歌劇團演
出的「三國演義」。

三時十五分，返臺北。

8月17日　星期日

下午

四時，與夫人蒞孝武先生寓所。

四時二十一分，蒞孝文先生寓所。

四時四十五分，蒞孝勇先生寓所。

8月18日　星期一

上午

八時四十七分，至圓山飯店理髮。

今日在府見汪顧問道淵。

下午

午後有一陣大雨，曾向市政府查詢對供水有無幫助。

四時三十分，見監察院長余俊賢。

五時，見考試院長劉季洪。

五時四十五分，見孫院長運璿。

8 月 19 日　星期二
上午

十時，在府主持財經會談，曾提示：

（一）應把握目前國際油價漲勢稍緩與國內物價穩定的機會，增強出口競爭能力，以縮短對外貿易逆差。

（二）新竹科學園區建設，應作有計劃的支持。

（三）工業技術研究院，應積極推動科技研究與發展工作，使科技在國內生根。

（四）積極推動世界貿易中心的建設。

（五）我不與共匪通商的政策決不改變，經濟部必要時可發表聲明。

今日在府見李政務委員國鼎、朱部長撫松、蔣秘書長彥士、宋總長長志。

8 月 20 日　星期三
上午

九時，主持中常會，於聽取大陸工作會有關匪情報告後指出，共匪現在的動亂，實在是其內部更大更激烈的動

亂的前兆，今後必將愈變愈亂。我們必須密切注視此一
情勢的發展，因應掌握變化，創造反共復國主觀的條件
和有利的機勢。

今日曾先後見林主席洋港、陳副秘書長履安、馬秘書長
紀壯、沈秘書長昌煥、魏顧問景蒙、孫院長運璿、安全
局王局長永樹。

8月21日　星期四

上午

十時，見陸軍總司令郝柏村。

十時三十分，見政戰學校校長孟憲庭。

十時四十五分，見三二四師師長鍾遠宏。

十一時，見陸軍後勤司令蔡新。

8月22日　星期五

上午

十時，主持國父紀念月會。內政部長邱創煥在會中報告
「辦好增額中央民意代表選舉的決心與做法」。

今天致函苗栗縣大湖鄉鄉民陳清治，感謝其贈送椰葉扇
之盛意。

今日在府見高部長魁元、蔣秘書長彥士、文工會周主任
應龍、宋局長楚瑜、馬秘書長紀壯、張副秘書長祖詒。

8 月 23 日　星期六

上午

八時三十五分，乘機飛臺中。

九時二十分，巡視陸戰隊第六十六師。

十時二十二分，抵臺中市政府，聽取市長曾文坡之市政建設簡報。隨後分別巡視了大坑產業道路、老人休閒活動中心，以及第四期市地重劃區與重劃工程。

中午

十二時廿五分，至南投鎮張振傳議長家中訪問並同進午餐，停留約一個半小時，臨行前曾與張議長之老母及家人合影留念。

下午

二時三十分，至名間鄉，訪問果農陳東富詢問鳳梨產銷價格及其生活情形。

二時五十分，至松柏嶺受天宮，眺望臺西風光，曾向該廟主委李有來詢問「松柏長青茶」（係公為烏龍茶所取之名）之產銷情形。並曾到當地之徽州茶行訪問品茗，然後離去。

8 月 24 日　星期日

今晨獲悉我中華美和青少棒隊，今在美贏得一九八〇年世界青少棒大賽冠軍，再度衛冕成功，特去電致賀。

上午

八時許，至鹿谷鄉，巡視和雅產業道路修建情形。並訪
問該路興建委員會主任委員劉安定，知其為南投縣資深
縣議員，對地方建設非常熱心，又見其新居落成不久，
曾表示將贈以「居之安」匾額一方，蓋藉以獎勵其服務
精神也。

九時四十八分，至草屯鎮，巡視平林里住宅重劃區，曾
特別進入農戶林特達家訪問，詢問一般農民對住宅重劃
後之感想以及社區自來水裝設等情形。

九時五十三分，至國姓鄉南港村林厝，參觀林源生兄
弟所飼養之水鹿，並詢問水鹿之飼養方法及一年之收益
情形。

中午

在國姓鄉北山村大眾食堂用午餐。

下午

一時廿五分，至仁愛鄉之惠蓀農場巡視，並到湯公亭瞭
望森林景色，隨後又至該鄉中華路訪問了兩戶民家。

三時十四分，至中興新村巡視臺灣省政府。

四時半許，由清泉崗飛返臺北。

8月25日　星期一

上午

九時三分，至圓山飯店理髮。

下午

五時起,分別見俞總裁國華、沈秘書長昌煥、馬秘書長
紀壯、宋局長楚瑜。

六時九分,至臺大醫院探望谷正綱先生。

8 月 26 日　星期二

上午

八時四十分,至市立殯儀館弔祭白雲梯先生之喪。

九時三十分,見孫院長運璿。

十時,主持軍事會談。

今日致函臺中縣石岡鄉龍興村村長巫劉鑾英女士;並附
同與其全家合照一張,以期勉其配合基層建設的成果,
把龍興村變為一個觀光勝地,並致謝在參觀建設時,所
給予之熱誠招待。

8 月 27 日　星期三

上午

九時,主持中常會。曾經提示,今後對科技人才的延攬
與培育,是國家建設成敗的關鍵,人才愈多,建設進行
得愈快。除國科會應負綜合推進之責外,政府所有有關
單位都應注意配合進行。

今日在黨部見黃院長少谷、孫院長運璿、蔣秘書長彥
士、沈秘書長昌煥、朱部長撫松、宋局長楚瑜、梁主任
孝煌、青工會張主任豫生、社工會蕭主任天讚。

今日獲悉全斗煥當選大韓民國大統領後，即致電全大統
領申賀。

8月28日　星期四
今日在府見馬秘書長紀壯、宋總長長志。

8月29日　星期五
今日在府見高部長魁元、本府第一局劉局長塈、第二局
王局長徵麟、第三局陳局長履元、馬秘書長紀壯、朱部
長撫松。

8月30日　星期六
【無記載】

8月31日　星期日
今晨獲悉我中華榮工少棒隊，今在美贏得一九八〇年世
界少棒大賽冠軍，再度衛冕成功，特去電致賀。

9月1日　星期一
上午

八時五十分，至圓山飯店理髮。

今日在府接見汪顧問道淵、馮參軍長啟聰、王主任昇、馬秘書長紀壯。

今日致電大韓民國大統領全斗煥將軍，賀其就職。

下午

四時五十分，至烏來，稍事逗留即返。

9月2日　星期二
上午

十時，主持財經會談，指示政府主管部會，研擬設立石化工業產銷平準基金；經常掌握國內對進口雜糧的半年需要量；並會同各業共同努力，解決出口貿易所遭遇的困難。

下午

四時三十分，見立法委員張子揚。

四時五十分，見本府人事處處長王塈和。

五時，見林則彬。

另見馬秘書長紀壯。

9月3日　星期三

上午

七時三十分，在臺北市三軍軍官俱樂部與國軍英雄、莒光連隊長、優秀互助組長和敬軍模範共進早餐，並致詞勉勵國軍官兵，人人以「大智、大仁、大勇」自許，繼續精誠奮發，冒險犯難，必能克敵制勝，早日完成復國建國的神聖使命。

十時，親臨臺北圓山國民革命忠烈祠，主持中樞秋祭陣亡將士典禮。典禮完成後，並慰問革命先烈子弟及國軍遺族。

今日在府曾見朱部長撫松、宋總長長志。

下午

四時二十分，在車上巡視了愛國西路高架橋。

軍人節餐會致詞

今天是中華民國國軍偉大的軍人節，軍中弟兄們勇敢的擔負起保國衛民的責任，充份表現了犧牲奉獻的革命精神。正由於軍人這樣枕戈待旦的辛苦，全國民眾才能安居樂業，整個國家也才能安定建設，所以軍人的勞苦功高，真值得全體國民肅然起敬。藉這機會，經國要對所有的軍中官兵表示無限的敬意。

在座各位有軍中國軍英雄、莒光連隊長、優秀互助組長，以及民間的敬軍模範，充份顯示出軍民一家、軍愛民、民敬軍的親愛精誠，經國除了要向各位的優異表

現致賀之外,更盼望今後能夠再接再厲,進步更進步,把今天的榮譽更加發揚光大,做為全軍與全民的普遍楷模。

我們的國軍,向來有英雄傳統。所謂英雄,就是有朝氣、有豪氣,化不可能為可能,英雄的字典無「難」字,所以英雄必能成人之所不能成,忍人之所不能忍,這種堅毅不拔、克難創造的精神就是我們國軍英雄的傳統。更可貴的,今天講英雄,不再是個人英雄主義的時代,而是群策群力、講究團隊精神的時代,所以互助團結就更為重要,軍中的互助小組就是本此精神而來,我們整體的國家建設,同樣也靠大家的互助團結。所以我很高興各位都能善體這種英雄傳統與互助精神,深望今後能夠更加多方推廣,化為復國建國的原動力量!

連隊是軍中的基層,基層工作就是紮根工作,也最為重要。莒光連隊代表的就是以「毋忘在莒」的決心,完成最紮實的功夫,表現最苦幹的精神,這種榮譽,必須全力耕耘才有收穫,其間絲毫不能取巧,這不但是軍中所有連隊都應具備的功夫,也是所有國家建設都應有的態度。所以只要大家都能以多流汗、多苦幹為榮,人人以做硬漢、挑重擔為榮,國家就沒有不強大的道理。讓我們永遠記住:要怎樣收穫先要怎樣栽,愈豐碩的果實,愈是用汗水與淚水澆灌而成;愈光明的前程愈是由苦幹與實幹開拓而成!

今天我還要特別向各位敬軍模範們致謝,各位的敬軍心意就是對軍中最大的溫暖,這種軍民一家、互敬互愛的精神最為可貴,還望各位繼續把這種精神傳播發

揚，多多給軍中鼓勵，也多多效法軍中的勤勞樸實，做
為改善社會風氣的基礎。

軍人乃是國之干城，全軍將士都應以此自勉。我們
中華民國的國軍，更是理智的部隊、是行仁的部隊、是
尚勇的部隊，深信只要人人以「大智、大仁、大勇」自
許，大家繼續精誠奮發，冒險犯難，那就必能克敵制
勝，早日完成復國建國的神聖使命！

祝福各位身體健康、精神愉快！謝謝大家！

9月4日　星期四

上午

九時十五分，見中央黨部秘書長蔣彥士。

十時，見教育部朱匯森。

十一時，見內政部長邱創煥。

十一時三十分，見空軍總司令烏鉞。

另見參謀總長宋長志、經濟部次長汪彝定。

下午

四時三十分，在府內禮堂接見中華青棒、青少棒全體隊
職員三十七人，並以茶點招待。勉勵小國手們，不要怕
失敗，不要怕別人進步，只怕自己不努力、不進步。今
後除鍛鍊球技外，更要發揮團結合作、奮發圖強、勇往
直前、堅持到底的中華民國精神，創造個人和國家的榮
譽和前途。並且贈送每人電子錶一個。

五時許，在府聽取臺北市長李登輝報告臺北市市政中心
及現代化大型體育館的籌建情形。並指示李市長要多聽

專家意見，市政中心之興建，應表現泱泱大國之風；公眾體育館，宜顧及多目標使用。

9月5日　星期五
中午

十二時，在陽明山莊，與革命實踐講習班第十五十六期研究員八十八人（海工會三十五人、青工會五十三人）會餐。

今日在府見國防部鄭副部長為元、馬秘書長紀壯。

9月6日　星期六
上午

七時十分，乘機赴南部。

八時五十五分，登906號DD艦，至左營外海，巡視海軍艦隊演習。

下午

四時二十分，抵高雄圓山飯店。

八時十四分，曾乘車巡視高雄市區約一小時，而後返圓山飯店。

9月7日　星期日
上午

九時四十四分，蒞臨白河水庫並聽取簡報，對水庫灌區克服亢旱、完成播種，表示嘉慰。隨後曾至露營區，

參觀臺南師專的露營活動，與青年學生閒談及合影後
離去。

十時二十五分，至白河榮民之家，與老榮民們閒話家常
並詢問其生活情形。

十一時二十分，途經六甲鄉水林村時，曾下車訪問農民
王金成等，對農家生活垂詢甚詳。

十一時四十分，巡視烏山頭水庫，聽取嘉南水利會長廖
秉輝報告因應亢旱處理情形，繼參觀了水庫風景區內之
國民旅舍。

下午

一時十二分，轉抵曾文水庫，乘遊艇看水庫之未達滿水
位情形；並一直航行至嘉義縣大埔農場登岸。

二時三十分，巡視大埔鄉公所，聽取鄉長許輕鎮之基層
建設報告後，即至大埔街上訪問商店、民眾，並巡視公
共造產，零售市場及排水道工程等設施。

五時四十五分，返抵高雄圓山飯店。

9月8日　星期一

上午

八時三十分，蒞臨中國鋼鐵公司，召集中鋼公司董事長
趙耀東、中船公司董事長王先登和臺機公司總經理雷穎
等，分別聽取三家重型工業之業務狀況簡報。對各公司
之業務情況，發展計畫的推動，均表示嘉勉與支持。並
囑各負責人代為嘉勉從業員工年來的工作辛勞，同時也
指示各負責人儘量改善工作環境，提高員工們的福利。

十時三十六分，自小港機場乘機飛返臺北。

下午

在府接見國家安全會議沈秘書長昌煥。

9月9日　星期二

上午

十時，主持軍事會談。

十一時三十分，見駐日代表馬樹禮。

下午

四時三十分，見蔣秘書長彥士、梁主任孝煌。

五時三十分，見趙主任委員聚鈺。

今日另見馬秘書長紀壯、汪總司令敬煦。

9月10日　星期三

上午

九時，主持中常會。會後，在黨部會議廳，頒發六十八年度各級黨部保舉最優同志榮譽紀念章。並致詞期勉黨工基層幹部，發揚黨性黨德，革新工作方法，奮勵自強，犧牲奉獻，為全黨同志服務，為全體民眾服務。

下午

四時三十分，見榮工處處長嚴孝章。

五時，見青輔會主任委員連戰。

五時三十分，見政策會副秘書長關中。

六時，見中央黨部副秘書長陳履安。

另見馬秘書長紀壯。

9月11日　星期四

上午

九時三十分，見南非國家情報局長巴納德博士。

十時起，見第一銀行董事長梁國樹、國防部主計局局長于建民。

十時四十五分，見新任駐星商務代表胡炘。

十一時，見臺泥董事長辜振甫。

十一時三十分，見憲兵司令劉馨敵。

下午

四時三十分，見教育部政務次長施啟揚。

五時，研考會主任委員魏鏞。

五時三十分，見青輔會秘書長姚舜。

六時，見文工會副主任趙守博。

9月12日　星期五

下午

四時三十分，在府接見國際獅子會世界總會總會長張德樂及斯里蘭卡國際眼庫負責人西華醫生。

五時，見美國時代週刊首席記者丹肯，該刊駐北平分社主任白禮博及駐港記者孟羅。

9 月 13 日　星期六
【無記載】

9 月 14 日　星期日
上午

九時十分,至圓山飯店理髮。

九時五十七分,乘機飛臺中。

十時五十五分,抵臺中港,聽取局長陳鳴錚報告該港第三期工程施工等情形。接著即到碼頭及漁港巡視。並提示陳局長設置自由貿易區,興建發電廠與煉油廠,以及開闢漁民住宅區之可行性。

中午

在港務局進午餐。

下午

一時十五分,到達臺中縣清水鎮南社社區巡視,與居民握手閒談;並曾到數戶空軍退役人員家中,詢問其生活情形。

一時五十分,至大甲鎮鐵砧山之中正公園,向先總統蔣公銅像及民族英雄鄭成功石像行禮致敬。在鐵砧山曾遇到中興醫院外科醫師李啟榮等,獲知李啟榮將於今年底結婚,特囑其屆時要寄喜帖。

二時十二分起,先後巡視永信活動中心、駐軍第八七六旅之步兵營、日南幼獅工業區。在工業區內,並參觀了特偉皮箱工廠,詢問工人之生活與工作情形。然後轉往

苑裡訪問振發蓆帽行，巡視苑裡船澳，並到苑裡街上與
歡呼之民眾揮手致意。

三時五十二分，巡視通霄發電廠施工情形。

四時五十五分，訪問外埔漁港，正值漁船出海作業，乃
向他們祝福發財。

五時十分，至大山社區長壽俱樂部，觀賞小朋友們
歌舞。

五時三十分，返北。

六時五十六分，訪晤孫院長運璿於其寓所。

9月15日　星期一

上午

十時，見孫院長運璿。

十一時，見蔣秘書長彥士。

另見沈秘書長昌煥。

下午

四時三十分，見空軍派駐沙烏地阿拉伯特遣中隊中隊長
黃晞晟。

四時四十五分，在府接見中華榮工少棒隊全體隊職員，
並招待以茶點。勉勵小國手們，今後要努力讀書，好好
做人，鍛鍊強健的體格，做一個中國現代標準的青年，
為國家、家庭和個人光明的前途而努力。總統並贈送每
人電子錶一只。

五時十五分，在中央黨部主持會議。

9 月 16 日　星期二

上午

十時，主持財經會談。指示有關部會，籌劃中的汽車工業建設，品質及價格要達到國際水準；行政部門應決定方案，提高農民的農業所得，並早日核定稻穀收購價格及田賦免徵問題，同時充分供應農民肥料需要。

下午

五時，見黃院長少谷。

今日另見馬秘書長紀壯、張副秘書長祖詒、汪顧問道淵、宋總長長志、秦主任委員孝儀。

財經會談指示

一、籌劃中的汽車工業建設，產量必須合於經濟規模，生產節約能源的車輛，品質及價格要達到國際水準，供應國內外需要，以減輕消費者負擔。生產所需零配件，在國內合於經濟生產者，應分期在國內產製，並協助建立衛星工業制度，使工業技術在國內生根，帶動整體工業發展。政府已指定中國鋼鐵公司負責籌辦，希望民間工業界密切合作，並與國際著名汽車製造廠商共謀發展。

二、最近遍訪各地區，農村普遍繁榮，農民生活均有改善，但農業生產卻有遲緩現象，究其原因，主要為農民的農業外就業機會增加，非農業收入較多，而從事農業收入的比例反有減少現象，致使農業與非

農業成長速率比較，遠為緩慢。

又因農業勞動力外流，使農村工資上漲，農業生產成本增加，因而農民對農業的重視逐漸降低，此一問題將影響農業未來的發展，行政部門應將其列為重要問題，決定長短期改進方案，分期實施。

三、今年因氣候關係，第二期稻穀將提前收穫，關於稻穀收購價格及田賦免徵問題，希望行政部門早日核定實施。

四、政府為減輕農民生產成本，肥料價格六年多來並未調整，但最近肥料銷售量大幅增加，顯有少數農民唯恐肥料漲價，增購儲存，使肥料供應將有不足現象。主管部門應善加調節，增加生產，及時充分供應需要，也希望農民安心依需要數量購用，切勿囤積，以免更增加政府的困難。

五、近來一般經濟情況尚屬正常，惟中秋節即將屆臨，應早日調節物資供應，以免影響物價的波動。

9月17日　星期三

上午

九時，主持中常會。於聽取大陸工作會主任白萬祥報告後指出，大陸同胞心向三民主義，心向臺灣復興基地，乃今天大陸情勢根本變化的趨勢和主流，匪黨如不作共產思想制度本質上的改變，必難逃敗亡的命運。我們應該把握機勢，加速建設，開拓反共革命的新機運。會中通過增額中央民意代表選舉黨內提名的國大代表及立法委員名單。

下午

三時三十六分,至士林官邸。

四時許,至陽明山,訪吳資政經熊於其寓所。

五時,在府接見美國大通銀行總經理布查爾等三人。

另見魏顧問景蒙、宋局長楚瑜。

六時,至榮民總醫院探視葉資政公超。

中央常會講話

　　這次共匪的偽五屆「人代」第三次會議,只是在形式上有一些改變,實際上和過去根本沒有什麼不同,一切還是匪黨少數幾個當權派導演的。所謂「人大代表」,對於政策路線,制法過程,以至人事變動,都沒有表現出他們名副其實的權力,反而成了共匪欺世盜名的工具。

　　華匪國鋒辭掉偽國務院「總理」的職務,是一個階段的權力和路線鬥爭的結果。本來就爾虞我詐的「華鄧體制」已經瓦解了,以鄧匪為首的復辟派,又企圖建立「胡(耀邦)趙(紫陽)體制」,這更會增加新的矛盾。華、鄧這些匪酋,名為同志,實為仇敵,他們還保有匪黨中央的權位,還會繼續進行更大更久的權力和路線的鬥爭。

　　共匪竊據大陸三十年的暴政,弄得民窮財盡,國民經濟到了在崩潰的邊緣,共匪承認過去的經濟計畫都失敗了,造成今天的混亂和貧窮,它不得不暫時擱置「政治統帥經濟」的口號,搞一些經濟改革的伎倆,這是毛澤東萬惡時代的轉形變化。因為左傾冒進的毛匪路線

不易遁形，所以才採取了退卻、迂迴的路線，用來欺騙
世人。所以對於共匪當前的變局，我們應該有冷靜的分
析，正確的認識。

共匪只說改革經濟管理體制，但堅持以「生產資料
公有制」為基礎的經濟制度，這實在是策略多變而本質
不變。鄧派所堅持的「四項基本原則」（堅持社會主義
道路，堅持無產階級專政，堅持黨的領導，堅持馬克思
列寧主義毛澤東思想），不但沒有一項是中國的，而且
根本都是反中國的文化意識和民族意識的。因此，共匪
的變，不可能由量變而質變，也決不能走出什麼「共產
主義體制的道路」來的。

共匪今天又加強用「民主」與「法制」來裝扮偽政
權的合理，用「生產資料公有化」和「按勞分配」為基
礎，來調整經濟關係，以求暫時刺激生產，但是另一方
面，卻又取銷人民「四大權利」，堅持走馬列路線和共
黨體制的「四個堅持」，以求其統治權的鞏固。基本上
它還是無法走出其自我矛盾的藩籬。

匪黨現在面對幹部反毛、人民反共的「亡國、亡
黨、亡頭」險惡形勢，企圖掙扎求變，挽救危亡。但如
「四個堅持」本質不變，只是表面上「換湯不換藥」形
式上的改變，而不作共產思想制度本質上的改變，它是
永遠無法挽回其敗亡的命運的；大陸同胞也永遠得不到
生活改善的；中國大陸也永遠改變不了貧窮落後面貌
的。今天除非匪黨徹頭徹尾作本質上的改變，順應大陸
同胞的要求，放棄「四個堅持」，走三民主義道路，使
中國大陸自由化、民主化、中國化，才能得救。

共匪的專制統治，已經造成了一個腐朽的、老化的、特權的統治階級。現在，鄧匪也承認官僚主義的嚴重，要求高級匪幹年輕化、知識化、專業化，但是這又必將擴大它內部的矛盾鬥爭，所以今天大陸民眾對於共產主義，已經產生了信仰危機；一個腐朽的共黨特權階級，更將導致信任危機；「四個現代化」遙遙無期，又觸發了信心危機。於是更擴大了它和大陸民眾的敵我矛盾。是以華匪在其下台前夕，不得不重彈對我中華民國統戰的哀鳴濫調，這實在是它「夜行吹口哨」自我壯膽的姿態。大陸同胞心向三民主義，心向臺灣復興基地。這才是今天大陸情勢根本變化的趨勢和主流，我們應該把握機勢，加速建設，開拓反共革命的新機運！

9 月 18 日　星期四

上午

十時，在府分二批見軍方調職人員黃銳明等二十人。

今日在府曾先後見馬秘書長紀壯、張副秘書長祖詒、陳資政立夫。

下午

五時七分，冒雨至青潭堰，察看永久性溢流堤首次洩洪情形，並聽取工程人員有關安全措施之報告。

五時三十分以後，分別撥電話給臺南市、屏東縣、高雄市、高雄縣、宜蘭縣、花蓮縣、臺東縣等首長，詢問珀西颱風侵襲所受損害情形。

9月19日　星期五

上午

十一時，在府接見哥斯大黎加共和國自由黨總統候選人
孟赫。

中午

十二時，在木柵青邨參加大專校院黨部主任委員（校院
長）座談會，並共進午餐。

今日在府曾見孫院長運璿、朱部長撫松。

下午

四時二十分，至陽明山散步。

9月20日　星期六

上午

十時四十七分，乘機飛抵金門。

十一時四分起，招待金門地方父老、民眾代表，一同參
觀花崗石醫院、迎賓館等新的建設，並和他們以及軍政
幹部等舉行秋節會餐。嘉勉他們對建設和防務的辛勞；
同時勉勵大家堅守崗位，繼續努力，為建設三民主義的
新金門，再做更大更多的貢獻。

下午

三時三十分起，分別巡視長江發電廠、擎天水庫、海印
寺、民俗村、林務局等處。

六時三十分，與陸軍二八四師八五一旅四營一連官兵
會餐。

七時三十三分，至擎天廳欣賞民族舞蹈晚會。

9 月 21 日　星期日

上午

七時，與金防部一級主官會餐。

八時二十三分起，先後巡視水頭碼頭、九宮碼頭、
一一七師師部、烈嶼寬口井、湖井頭、貴山、烈水廟、
東林村及麒麟發電廠等處。

十一時三十分，至浯江新莊，與金門縣鄉鎮長會餐。

下午

三時三十分起，先後巡視田埔水庫、料羅港、新達港
等處。

晚

八時十分，至古崗樓賞月，至八時五十五分離去。

9 月 22 日　星期一

上午

九時五十分，由金門返抵臺北。

十時十四分，至圓山飯店理髮。

今日在府見馬秘書長紀壯、蔣秘書長彥士。

9月23日　星期二

下午

一時，因深切關懷基隆市豪雨災情，特打電話給市長陳
正雄，詢問受害情況。指示陳市長要妥善照顧災害死傷
市民，並希望市民通力合作，及早將基隆市恢復舊觀。

四時，在大直寓所與夫人舉行中秋茶會，款待何顧問應
欽、張資政羣、張大千先生夫婦，張學良先生夫婦、黃
院長少谷、孫院長運璿夫婦、馬秘書長紀壯夫婦、蔣秘
書長彥士夫婦、沈秘書長昌煥夫婦等，閒話家常，共度
佳節。

六時二十二分，在慈湖陵寢，與家屬共進晚餐。

9月24日　星期三

上午

九時，主持中常會。對行政院長孫運璿最近到中美洲三
個友邦國家的訪問非常圓滿成功，表示佩慰。同時指示
有關從政同志，今後儘量以我們發展農業及經濟的經
驗，來協助中南美友邦。常會後，見中國時報董事長余
紀忠、中央社駐韓特派員李在方。

下午

四時五十分，抵基隆市，聽取市長陳正雄有關水災災情
之報告，隨後巡視中山、安樂、仁愛及八斗子等災區，
並指示陳市長應盡力完成除災工作，妥善照顧災民。

9 月 25 日　星期四

上午

十時，在成功基地主持七十年度大專學生集訓第二梯次結訓典禮，期勉大家發揚成功嶺精神，充滿朝氣、豪氣、正氣，做一個頂天立地的時代青年，早日完成復國建國的神聖使命。

中午

並與暑訓學生會餐，勉勵青年學生，注重品德修養，孝順父母，報效國家。並指出，青年前途與國家前途密不可分，青年唯一的目標，就是為國家、社會、家庭和自己，敦品勵學，鍥而不舍。

下午

十二時四十五分，巡視航空工業發展中心。

二時十五分，視察噴射教練機試飛情形。

四時許，在府見高部長魁元、馬秘書長紀壯。

9 月 26 日　星期五

上午

十一時，在府見內政部長邱創煥。

中午

十二時，在臺北賓館接見瓜地馬拉外交部長卡斯提育等人，並就當前國際情勢以及進一步促進雙方友誼，充分交換意見。卡斯提育外長曾代表瓜國總統魯卡斯，以大

項鍊勳章一座，贈送總統。隨後總統並以午宴款待。

下午

五時，見俞總裁國華。

另見國家安全會議秘書長沈昌煥、本府第三局局長陳
履元。

9 月 27 日　星期六

今日在府見孫院長運璿、馬秘書長紀壯、梁主任孝煌、
臺北市黨部余主任委員鍾驥。

9 月 28 日　星期日

上午

九時，至圓山飯店理髮。

十時，在府內大禮堂主持大成至聖先師孔子誕辰紀念
典禮。由張資政其昀演講「西方學者對中國文化的基
本認識」。

十時三十分起，見行政院院長孫運璿、警政署署長何恩
廷、人事行政局局長陳桂華、黨務顧問胡一貫。

十一時三十分，在三軍軍官俱樂部，與五百多位資深優
良教師會餐，並於會餐前致詞期勉全國教師們，本著弘
道教義的志節，培育頂天立地、氣壯山河的時代青年。
在餐會將結束，舉杯祝福全國教師時，再勉勵彼等，將
「開闊、開朗、開明」的教育意義，貫徹下去，以「平
淡、平凡、平實」的情操，培育下一代青年。

下午

五時十六分至六時二十四分，先後蒞臨孝文、孝武、孝勇先生之寓所。

晚

九時三十六分，乘建陽軍艦前往馬祖地區。

資深優良教師會餐致詞

今天是民國六十九年的教師節，全國教師們平日默默的耕耘，不為名、不為利，一心為國作育英才，充分表現了「燃燒自己，照亮別人」的犧牲精神，不但照亮了學生，更照亮了國家前途，所以藉這機會，經國首先要向全國辛勞的教師們表示最大的敬意。

這幾年來，經國常在公餘抽空到各地訪問，每到一處，總會注意學校和教育的狀況，當我看到教師們誠誠懇懇地教學，實實在在地工作時，心中總有無比的欽佩。我常想，什麼叫做偉大？這就是偉大。也唯有這種平凡中的偉大，才顯得最為純樸可貴。全國教師們在平凡、平實、平淡的偉大情操中，為著培育下一代而發揮出的愛心與耐心，也正是國家進步再進步的最大動力！在座各位資深優良的教師，也就是這種精神最好的代表。

教育是國家的根本，教育事業是國家民族精神與文化賴以綿延的神聖事業，教育工作者負起了這一重大使命，可以說擔負了國家最重要的任務。所以我們把教師節定在和孔子誕辰紀念的同一天，其意義除了紀念偉大

的至聖先師，藉此表揚所有教師們崇高的貢獻之外，更
在強調要傳承以儒家學說為中心的我們民族文化，加以
發揚光大，實是我們教育的基本目標。

　　我們的教育工作，經過多年努力，已有很好的發
展。但是坦率的說，既有的成就，質不如量，學與用也
不能完全配合，和我們發展教育的理想還有相當距離，
為使教育工作更能發揮為國樹人的效果，從長期觀點來
看，很多地方還值得我們去研究改進。

　　經國認為，中華民國的教育應該具有以下幾個
特質：
是融貫三民主義的精神教育；
是加強手腦並用的智能教育；
是弘揚中華文化的倫理教育；
是明辨公私義利的民主教育；
是追求事物真理的科學教育；

　　根據以上的幾項特質，我覺得我們的教育方針，應
該把思想、學術、生活、道德、藝術、體魄、職業等各
種教育的功能熔於一爐，造就德、智、體、群兼備的國
民，為國家培育有用的人才；同時教育還須負起綿延民
族文化的使命，激發青年的民族意識與愛國情操，使青
年能將個人前途與國家前途緊密的結合在一起，開創
新的時代。如何本著我們的目標與方針，來形成我們
的教育政策和計畫，有待全國的教育工作同仁，不斷
研究，提供意見，以集體的智慧，來策劃我們教育的
健全發展。

　　各位教師先生們，「中興以人才為本」，今後的時

代，更是一個比人才的時代。今天大陸之所以貧窮落後，歸根結底，是因為邪惡的共產制度，摧殘人才的結果。所以事實很明顯：沒有自由制度，便不能培養人才，為了民族的復興，愈在這艱難時刻，便愈需我們自由基地的教育界，以百年樹人的抱負和舍我其誰的氣概，為國家作育英才而貢獻於教育救國的大事業。相信在全國教師的專心一志、共同努力之下，必能將民族命脈從根救起，開拓更光明的國家前途！

今年國建會時，經國曾經提到以「大智、大仁、大勇」三達德，做為樹立國家正確形象的目標，這個目標正是來自孔子的教育理想：「智者不惑，仁者不憂，勇者不懼。」在今天看來更覺得有其極深刻的時代意義。因為當前世局迷惘，根本在於國際政治之缺乏智者、仁者與勇者的精神做為時代主流，以致是非不明，義利不分。中華民國在這種晦暗的時局中，當仁不讓，作中流之砥柱，需要我們以智仁勇的精誠，力挽狂瀾。在這大時代中，尤需我們的教育界，本著弘道教義的志節，全力培養頂天立地、氣壯山河的時代青年，只要我們一代一代的青年都能充滿智慧、仁心和道德勇氣，那我中華民族就必能永遠創造時代，領導時代，為人類書寫光輝的史頁！

祝福各位教師先生們身體健康，精神愉快！謝謝大家。

9月29日　星期一

上午

七時零三分，對東引官兵代表講話，對強化防務多所期勉。隨後巡視東引指揮部、地下醫院、國民住宅、東引國小等處。

十一時三十分，至北竿，先後巡視二六九師指揮部、北高地下醫院、塘其浴室、寬口井，並與民眾親切談話，探問大家的工作及生活情形。

下午

一時五十分，巡視福沃碼頭、漁港及勝利水庫。

二時十五分，檢閱馬防部直屬部隊，並期勉官兵加強防務戰備，求取更大進步。

二時四十分，巡視南竿地下醫院。

六時，與五二二工兵營營部連官兵共進晚餐。

六時四十一分，訪問山隆商店，並與民眾閒話家常。

9月30日　星期二

上午

六時五十分，在昆陽樓與軍政主管人員，同進早餐。

七時五十分，乘建陽艦回航返臺。

10 月 1 日　星期三

九時，主持中常會。

今日曾見馬秘書長紀壯、沈秘書長昌煥、孫院長運璿、谷理事長正綱、秦主任委員孝儀、高雄市黨部郭主任委員哲、蔣秘書長彥士、文工會周主任應龍、本府張副秘書長祖詒。

10 月 2 日　星期四

上午

九時，至國民大會故秘書長郭澄寓所，向郭夫人親致唁慰之意。

十一時，在府分四批見軍方調職人員趙鴻恩等三十八人。

十一時三十分，見中央政策會副秘書長何宜武。

下午

三時五十三分，至陽明山竹子湖散步。

今日在府曾見馬秘書長紀壯、馮參軍長啟聰、汪顧問道淵、張副秘書長祖詒。

10 月 3 日　星期五

上午

十時，在府接見今年度國際青年商會中華民國總會所選出的十大傑出青年林嘉興、伍澤元、許以文、徐瑞東、陳常仁、謝博生、林榮貴、蔡鐘雄、王恩修、郁慕明

（赴歐洲公差未到），對他們在各個不同的崗位上，研究創造、刻苦奮鬥而獲致的特殊成就，深表嘉許。

下午
四時，至淡水線散步。
在府見馬秘書長紀壯。

10 月 4 日　星期六
今日在府見馬秘書長紀壯、宋總長長志、張副秘書長祖詒。

下午
四時五十分，與夫人至基隆線散步。

10 月 5 日　星期日
上午
九時三十分，巡視翡翠水庫施工情形及聽取工程執行概況報告。並指示臺北縣市，對淹沒區居民之補償及安置，要妥善處理。
十時二十五分，至小格頭巡視苗圃中心與當地檢查哨。
十一時十五分，巡視坪林鄉公所，聽取鄉長林國祥之鄉政簡報，並詢問基層建設情形。

中午
巡視漁光國小，並進午餐。
十二時五十分起，先後訪問了坪林茶農張月住宅，坪林

鄉長寓所及祥泰茶莊。

下午

二時許，巡視石碇鄉公所，聽取鄉長高義秀報告鄉民生活情形及文山茶產銷狀況。曾指示高鄉長，多為民眾解決困難，為民造福。

二時四十七分，訪問鄉民劉聰助，並在其家吃了一碗雲吞。

二時五十五分，抵深坑鄉，巡視深坑吊橋改建情形，並與群眾握手問好。然後在民眾歡呼聲中離去。

10 月 6 日　星期一

上午

九時二十六分，至慈湖，察看湖水沖壞路基情形。

十時，見孫院長運璿。

下午

三時四十分，至圓山飯店理髮。

今日在府曾見馬秘書長紀壯、蔣秘書長彥士、宋總長長志、趙主任委員聚鈺。

10 月 7 日　星期二

上午

十時，抵達空軍嘉義基地，檢閱空軍自強中隊編組之十八架 F5E 戰鬥機。

中午

與基地全體官兵代表共進午餐。在致詞中，除對空軍自
強中隊有所嘉勉外，並希望空軍全體官兵奮發淬勵，承
擔復國任務。

下午

一時許，由嘉義乘機返北。

四時三十分，接見美國歐文銀行董事長華萊斯等。

五時，在府內大禮堂，以茶會款待出席亞洲國會議員聯
合會第十六屆大會之各國代表；並致詞期望亞洲國會議
員們，進一步發揚道德勇氣，為亞洲人民福祉作更大的
貢獻。

今日曾見謝副總統、高部長魁元。

10 月 8 日　星期三

上午

九時，主持中常會，通過「中國國民黨永遠和民眾在一
起」的現階段政治中心主張，揭示了國民黨今後努力的
方向是：政治民主、經濟繁榮、民生均富、國防鞏固和
教育發達。

常會後，見孫院長運璿、朱部長撫松、宋總長長志。

下午

四時三十分，見美國諾斯洛普公司董事長瓊斯。

五時，見中央信託局理事主席劉安祺。

五時三十分，見中央銀行總裁俞國華。

10 月 9 日　星期四
上午

八時五十五分，在中正紀念堂前，向近二萬名返國僑胞講話，嘉許僑胞們熱愛祖國，永懷領袖赤忱，期望大家永遠站在青天白日滿地紅的旗幟下，一起邁向反共救國康莊大道。

下午

四時十分，至慈湖巡視框桁橋架設情形。

今日在府見馬秘書長紀壯、本府第三局局長陳履元。

晚

八時許，巡視臺北市夜景。

10 月 10 日　星期五
今日發表國慶祝詞，號召全民繼續堅持為理想奮鬥，把三民主義的自由安樂生活方式，帶回大陸。

上午

八時十二分，至圓山飯店理髮。
九時，在府內大禮堂主持六十九年國慶紀念典禮。
九時三十分，接見各國駐華使節、代表及外賓，接受他們對我國國慶之祝賀。

十時二十六分，在全國各界慶祝雙十國慶大會上，接受
各界代表呈獻飛彈快艇，並致詞勉勵全國同胞，永遠以
強者自勉，發揮自強年的精神，創造更光輝的明天。隨
後又檢閱了自強遊行隊伍。

下午

四時四十五分，蒞臨基隆市，先後訪問廟口、澳底漁村
及新山水庫，與民眾閒話家常，共度國慶。於六時離基
返北。

六時四十二分，在圓山飯店與家屬同進晚餐，並觀賞國
慶焰火。

國慶祝詞

今天是中華民國光輝燦爛、舉國歡慶的日子。

中華民國的締造，是經國父領導無數革命先烈犧牲
奮鬥，百折不撓，遭遇多次挫敗，愈艱險而愈英勇，直
到六十九年前的今天，由武昌起義，推翻了滿清專制腐
化王朝，才能結出的光榮成果。這一段國家開創的歷
史，作了一個非常重要的見證，就是天下無易事，天下
也無難事。換言之，任何偉大事業的成功，絕對不能倖
致；任何堅持理想的奮鬥，終久必可成功。

今天我們在此復興基地慶祝國慶，重新回顧中華民
國締造的歷史過程，對於我海內海外的全體同胞而言，
實在更加富有強烈的啟示。因為我們大家都正致力於反
共復國的偉大事業，也都抱持著一個崇高的理想，要
把三民主義的民主憲政與自由安和樂利的生活方式帶回

大陸，以與全國同胞共享。而這一理想的早日完成，有
賴我們不畏艱難，不怕險阻，繼續發揚辛亥革命精神，
再接再厲，奮鬥不懈，以達莊敬而自強。古人曾說「自
強不息」。又說「不息則久」。顯示自強與不息結合在
一起，才能發生久遠的功能。所以我們把今年定為自強
年，作為我們一個力行不息、長期奮鬥的發軔，不僅要
日新又新，而且要愈奮愈強。

　　當前我們的國家雖然面臨許多挑戰，我們的事業也
正接受不斷的考驗，然而與辛亥革命的困苦相比較，形
勢並不更為艱難。因為我們不但已有三民主義仁政建設
豐碩的果實，有復興基地堅強壯大的國防力量，有海內
外自由地區廣大群眾的精誠團結，更有億萬大陸同胞翹
望接應我們的向心，我們自可深信，只要我們能夠繼續
堅持為理想的奮鬥，不因易而輕忽，不因難而畏卻，自
強不息，貫徹始終，必能完成先總統蔣公遺囑，再造中
華，使雙十的光輝長垂永照，青天白日滿地紅的旗幟萬
世飄揚！

　　秉著這種意志和信心，讓我們齊聲高呼：三民主義
萬歲！中華民國萬歲！

全國各界慶祝雙十國慶大會致詞

親愛的同胞們：

　　今天是中華民國六十九年國慶日，全國同胞興高采
烈、歡欣鼓舞，象徵了國家繼續不斷的繁榮、強壯、進
步！也象徵了我們中華民國前途的遠大、光明！

　　特別是剛才接受了由海內海外同胞共同所捐獻的一

個中隊的飛彈快艇，格外的有意義。這是全國同胞赤膽
忠心報效國家的精誠表現，也是我們海內外一條心為勝
利而奮鬥的表現，更是我們反共必勝、建國必成的信
心表現，這一批飛彈快艇，是我們自己所設計、製造、
生產的新武器，充分說明了，只要我們痛下決心，自立
自強，中華民國就沒有克服不了的困難！也告訴了全世
界，中華民國永遠是不屈不撓的強者！

　　親愛的同胞們！自強更是建國的根本，自強是勝利
的保證，唯有能夠莊敬自強的國家，才是能夠成功的國
家！讓我們永永遠遠地保持這種自強精神，一心一德，
堂堂正正地堅守國家立場，實實在地推動國家建設，
那就必能以三民主義統一中國，早日完成反共復國的中
興大業！

　　親愛的同胞們！在今天慶祝國慶大會上，我要向全
國的三軍將士們、農民們、工人們、教育界同仁、青年
學生們、工商界同仁以及所有各界同胞，在這些年來為
國家所做的偉大貢獻，表示心中最大的謝意和敬意。
讓我們今後更加團結，更加奮發，那就必能衝破一切難
關，突破一切困難，打開一條勝利成功的大路！歷史是
強者所創造的，讓我們永遠以強者自勉，發揮自強年的
精神，創造更光輝的明天！

　　現在讓我們共同高呼：三民主義萬歲！中華民國萬
歲、萬歲、萬萬歲！

10 月 11 日　星期六

上午

九時，在府接見多明尼加陸軍參謀長馬多士夫婦。

九時十五分，接見美國進出口銀行前總裁克恩斯等。

九時三十分，接見前來我國祝賀國慶之外國新聞界人士。

十時二十分，乘機前往南部。

下午

二時三十六分，抵旗山地區參觀花旗鳥園，巡視第八軍團部。

四時十五分，至六龜山地育幼院，探望院童們起居生活，並視察興建中之大樓，詢問其工程進度甚詳。

五時許，蒞臨美濃新美豐閣，吃板條豬腳麵。

八時五十五分，巡視高雄市夜景。

10 月 12 日　星期日

上午

九時三十分，自東港乘飛馬二號船渡海往琉球鄉，於十時二十四分抵達，受到民眾熱烈歡迎。

十時二十七分，巡視琉球鄉公所，向鄉長洪江城詢問鄉政甚詳。

十時五十分，參觀碧雲寺。

十一時許，抵達琉球發電廠，詳詢海底電纜供電及解決供水設施等情形。

隨後至發電廠附近之林宅，探訪林陳雙老太太。（發電

廠用地即由其捐獻）

十一時二十五分，由琉球鄉返東港。

下午

二時，至枋寮鄉，巡視集中型稻穀倉庫啟用情形。

二時五十分，至內埔鄉，訪問榮民之家，向榮民們問好祝福。

四時許，至里港鄉信望愛育幼院，探望孤兒們生活情形。

晚

七時十五分，在高雄圓山飯店，宴請日本前首相岸信介。與宴者尚有謝副總統、何戰略顧問應欽、陳國策顧問啟川及高雄市王市長玉雲。

10月13日　星期一

上午

八時，在高雄圓山飯店，見高雄縣縣長黃友仁，對國民住宅及農作情況垂詢甚詳。並提示要好好照顧民眾生活，尤其是居住問題。

今日在府見馬秘書長紀壯、蔣秘書長彥士、錢次長復。

10月14日　星期二

上午

十時，在府約見日前返國之國策顧問李璜。

十一時，見李政務委員國鼎。

下午

四時三十分起，在府分別接見玻利維亞國防部部長雷畢亞中將夫婦及宏都拉斯參謀總長秦其亞准將等。

今日在府曾見宋總長長志、汪顧問道淵、汪總司令敬煦、馬秘書長紀壯。

10 月 15 日　星期三

上午

八時十二分，至圓山飯店理髮。

九時，主持中常會，聽取臺灣省政府主席林洋港報告現階段的省政要務後，對省政府各項工作績效，表示嘉慰。並期勉臺灣省從政同志，更進一步貫徹為民服務政策，促進社會和諧、民眾團結與省政的持續進步。常會後，見臺灣省黨部主任委員宋時選。

十一時，在府接見南非共和國總理波塔，曾就世界局勢、共產主義擴張及非洲情勢，交換意見；尤其就涉及兩國政策及加強雙方合作等問題，進行廣泛而深入的會談。

下午

六時，在臺北賓館，代表政府以特種大綬卿雲勳章一座，頒贈給南非共和國總理波塔；另以大綬景星勳章各一座，頒贈給南非共和國外交及新聞部長鮑達、運輸部

長史庫曼。總統並以所題「山高水長」的黃君璧山水畫
一幅及波塔總理刺繡像一幅，贈送波塔總理。

六時三十分，以晚宴款待南非共和國總理波塔夫婦和男
女公子及正式隨員。

10月16日　星期四
上午

九時三十分，見臺南師管區司令常持琇中將。

十時起，分三批見軍方調職人員林克承少將等二十
五人。

十一時三十分，接見韓國中央情報部次長金永先中將。

今日在府曾先後見俞總裁國華、馬秘書長紀壯、蔣秘書
長彥士。

10月17日　星期五

今日在府見馬秘書長紀壯、趙主任委員聚鈺、宋總長長
志、馬副總長安瀾、汪顧問道淵、沈秘書長昌煥。

10月18日　星期六
上午

在府先後見東吳大學端木校長愷、沈顧問劍虹、國科會
徐主任委員賢修、駐斐楊大使西崑、僑委會毛委員長松
年、馮秘書滬祥、馬秘書長紀壯、三軍大學校長王多年
上將、王董事長惕吾。

下午

三時三十六分，蒞臨六十九年中華民國電子展覽會場，參觀展出的我國最新電子產品，受到廠商代表及參觀民眾熱烈歡迎。

四時二十五分，至天母祝賀蔣總司令生日。

10 月 19 日　星期日

上午

八時二十分，乘機飛臺東。

十時，抵臺東縣卑南鄉阿尼色弗小兒殘障育幼院，與院童們歡聚，對院長傅約翰照顧院童的精神，深表讚許。

十時四十分，巡視延平鄉公所。然後順道至紅葉村，訪問少棒發源地之紅葉國小與地方民眾，並購買很多糖果，分送給圍在四週的兒童。

十一時三十分，訪延平鄉長古義之寓所。

十一時五十四分，巡視鹿野鄉公所。隨即轉往「娜拉」颱風吹毀後重新興建之和平社區，訪問村民。對山胞們個個安居樂業，深表欣慰。

中午

巡視臺東縣政府。略事休息後，步行至數度光顧之「同心居」小吃店，進午餐。

下午

一時四十七分，自臺東飛花蓮。

二時三十七分，訪問花蓮殘盲女子教養院，和她們親切

招呼，並詳細詢問大家生活情形。離去時，曾囑花蓮縣
長吳水雲，代表致贈該院一架高級鋼琴，使她們有怡情
的育樂活動。

三時，巡視花蓮榮民之家，曾囑榮家主任袁伯琪轉達對
全體榮民關懷之意。

三時十分，訪問大陳新村，參觀新建之四樓國民住宅，
並與年老義胞以家鄉話閒話家常。同時看到家家戶戶都
有電化用品，深為高興。

三時三十五分，訪問禪光育幼院，曾贈孤兒們加菜金二
萬元；並囑吳縣長協助該院早日立案，俾合法獲政府輔
助。

四時，訪問慈濟功德會，對該會多年來以鉅額經費用於
救濟貧困，深表讚許。

五時零三分，乘機返北。

10 月 20 日　星期一

上午

十一時三分，至葉資政公超寓所，祝賀其生日。

下午

在府先後見馬秘書長紀壯、陳局長履元、駐美採購團溫
主任哈熊、孫院長運璿、張副秘書長祖詒。

10 月 21 日　星期二

上午

八時，主持軍事會談。會談後，見空軍總司令烏鉞。

十時,在府主持財經會談。聽取經建會主任委員俞國華及政務委員李國鼎分別就國內經濟金融情況及科技問題所提出之報告後,並對掌握充裕油源、穩定當前物價、全力發展電腦及資訊工業,作了重要指示。

中午
十二時十五分,由馬秘書長陪同,趕至榮民總醫院,探視因病危正在緊急救治中之謝副總統夫人。

下午
四時五分,至士林官邸。
六時十分,獲悉謝夫人已去世,再赴謝副總統寓所,慰問謝副總統,請其抑悲珍重。

今日在府曾見馬秘書長紀壯、蔣秘書長彥士、宋總長長志。

財經會談指示
一、兩伊戰爭如持續下去,對未來石油供應,將產生嚴重緊迫現象,我們如何節省能源以及掌握充裕的油源,應即切實籌劃。
二、國內物價,除因石油價格上升非我所能控制外,對於當前物價上升的其他因素,應由經濟部切實研究,並研擬有效措施,以減少其影響至最低限。
三、近年來美日等國由於利用電腦作為管理與技術改進的工具,使其生產技術進步快速,生產力大為提

高，我國科技要趕上工業先進國家，必須普及電腦
教育及使用，由政府、教育界及企業界共同努力，
全力發展電腦及資訊工業，以促進工業的升級，增
強我國產品在國際市場上的競爭力。

10月22日　星期三
上午

九時，主持中常會。

常會後，同時見孫院長運璿、蔣秘書長彥士。

隨後，又見黃院長少谷。

下午

四時，主持座談會。出席者有嚴家淦先生、謝副總統、
孫院長運璿、倪院長文亞、黃院長少谷、谷正綱先生、
袁守謙先生、黃杰先生、高部長魁元、馬秘書長紀壯、
蔣秘書長彥士等。

四時三十分，見我駐星加坡商務代表胡炘。

五時，見我駐教廷大使周書楷。

六時，見沈秘書長昌煥。

10月23日　星期四
上午

八時，在圓山飯店，以早餐款待美中經濟協會理事長甘
迺迪等。

八時五十一分，在圓山飯店理髮。

十時三十分，在府接見菲律賓國會議長馬加林、中央銀

行總裁李克祿、公職人員醫療保險委員會主席馬可仕等
三人。
另見蔣秘書長彥士。

下午
六時十分，在慈湖賓館與家人共進晚餐。

10 月 24 日　星期五
今日在府先後見馬秘書長紀壯、朱部長撫松、張副秘
書長祖詒、駐教廷周大使書楷、蔣秘書長彥士、梁主任
孝煌。

10 月 25 日　星期六
今日發表光復節談話，勗勉全國同胞堅持自強不息的精
神，為光復大陸、重建三民主義富強康樂的新中國而團
結奮鬥。

下午
四時二十五分，蒞臨設在臺中市國立中興大學惠蓀堂之
慶祝光復節酒會會場，受到一千多位中外來賓的熱烈歡
迎。曾向許多賓客握手問好，並在酒會中作簡短致詞，
呼籲全國同胞一心一意，誠心誠意，全心全意，發奮圖
強，努力奮鬥，使國家前途更光明、全民的幸福更多更
大。並舉杯祝福臺灣省繼續繁榮、繼續進步。
五時，在各界鼓掌歡送下，離開會場。

光復節談話

各位親愛的同胞：

大家好！今天是臺灣光復三十五週年的日子。就在三十五年前的這一天，隨著我們國家對日抗戰的最後勝利，臺灣回到祖國的懷抱，從此不僅使得我們臺灣同胞，開始享受到自由平等、安居樂業的生活，也使臺灣成了三民主義的模範省，而且更是反共復國的中興基地。這段史實，證明了正義必勝邪惡、公理必勝強權的道理，也證驗了唯有實踐三民主義，才是順天應人、救國救民的康莊大道。因之更加堅定了我們反共必勝必成的信心！

三十多年來，我們在臺灣復興基地的三民主義建設，在先總統蔣公的策劃和領導下，已為國家開創出光明的前途，並已成為大陸同胞在長夜漫漫的苦難中，唯一希望所寄和心嚮往之的燈塔。這是我們大家和衷共濟、血汗凝結的成果。我們不但要加以珍惜維護，而且要更加發揚光大，讓三民主義仁政的秧苗，重新在大陸生根，使大陸同胞與我們同享美好的成果。

回想抗戰後期臺灣同胞渴望光復的心情，我們就可體會到今日大陸億萬同胞追求自由和翹望青天白日重臨國土的心願是何等的迫切！俗語說，天時不如地利，地利不如人和。從海內外同胞的四海同心，始終歸向我們自由祖國的熱烈和赤忱看來，我們深信，就像今天慶祝臺灣光復一樣，慶祝光復大陸的日子一定不遠了。

世界上有共產主義的地方，就不會有太平安樂的日子，我們必須消滅中共匪幫，才能永保我們安居樂業的

生活，也才能使我們的國家永保統一與和平。

　　在這自強年來慶祝臺灣光復三十五週年的節日，讓我們堅持自強不息的精神，矢志為來日慶祝大陸重光、重建三民主義富強康樂的新中國而團結奮鬥、貫徹始終！

10 月 26 日　星期日

上午

七時五十分，至市立殯儀館弔祭國民大會故秘書長郭澄之喪，並慰問其遺屬。

七時五十五分，由孫院長運璿等陪同飛往嘉義。

九時，蒞臨六十九年臺灣區運動大會會場，在揭幕式中致詞說：「看到大家有紀律、有秩序，團結奮發，一定能克服一切的挑戰、一切的困難、一切的橫逆，而獲得最後的勝利。」並號召復興基地一千七百餘萬軍民，「要向中華民族的歷史交卷，光復大陸，統一中華民國。」致詞後，曾欣賞大會安排的表演，並冒雨繞會場一周，親切地和民眾們握手。隨後在全場歡呼聲中，離開會場。接著又步行至嘉義體育場對面的宣信國民小學，參觀了農業機械展覽。

中午

十二時十分，在嘉義市嘉賓餐廳與各縣市長及當年參加上海第七屆全國運動會的選手們，共進午餐。

下午
一時四十八分，參觀吳鳳廟及成仁地點。

10 月 27 日　星期一
上午
八時五十分，至南投縣仁愛鄉，參加霧社抗日殉難山胞五十週年祭典，向抗日殉難山胞紀念碑行禮致敬；並殷切垂詢烈屬及山胞生活。
九時三十五分，至霧社萬大水庫，參觀水庫發電設備及儲水情形。
十一時十五分，訪問清境農場，詢問滇緬義胞及榮民生活情形；並在農場內進用午餐。

中午
十二時五十二分，轉往埔里鎮之太平社區訪問，並到社區理事長謝春雄家中休息。因看到埔里年來建設有進步，曾以自用之原子筆贈送給鎮長周顯文留作紀念。

下午
二時十五分，至草屯鎮參觀平林九九尖峰露營區，及平林住宅重劃成果後離去。
三時十七分，自清泉崗乘機返北。

10 月 28 日　星期二
上午
十時，主持軍事會談。

今日在府見汪顧問道淵、馬秘書長紀壯、蔣秘書長彥士、宋局長楚瑜、宋總長長志、張副秘書長祖詒。

10 月 29 日　星期三

上午

九時，主持中常會。衡酌當前革命情勢，依照黨章之規定，決議在民國七十年三月二十九日舉行第十二次全國代表大會。

在黨部見孫院長運璿。

在府見沈秘書長昌煥。

下午

四時三十分，見退役中將皮宗敢。

五時，見資政張寶樹。

另見汪顧問道淵、汪總司令敬煦。

10 月 30 日　星期四

上午

八時二十五分，至圓山飯店理髮。

九時三十分，在府接見中華民國基督教協會理事長陳溪圳牧師等六人，接受彼等聯合呈獻之現代中文譯本聖經。

九時四十五分，再接見仍由陳溪圳牧師率領的中華民國基督教效忠國家支持政府致敬代表團一行十五人，他們以基督教各教會代表七千六百七十四人聯合簽名的一本精美簽名冊，面呈總統，以表達各教派基督徒效忠國家

支持政府以及向元首致敬的赤誠。

十時起，見軍方教職人員十九人（其中個別見者有李家馴中將等八人，集體見者有楊履仲上校等十一人）。

今日在府曾見宋總長長志、沈秘書長昌煥、馬秘書長紀壯、張副秘書長祖詒。

10月31日　星期五

上午

九時，在國父紀念館主持先總統蔣公九四誕辰紀念大會。司法院院長黃少谷在會中報告「恪遵遺訓，貫徹反共國策」。

十一時二十分，率中央政府文武官員及各界代表，至慈湖先總統蔣公陵寢獻花致敬。

中午

在慈湖接待室，邀請桃園縣代縣長葉國光、議長簡欣哲、黨部主任委員王述親、大溪鎮鎮長黃斌璋、復興鄉鄉長王明進等共進午餐。由本府秘書長馬紀壯、中央黨部秘書長蔣彥士作陪。

下午

三時十分，至桃園縣政府，參觀其新建辦公大廈，並指示該縣府應以此現代化的優異環境，為民眾提供更佳的服務，以增進民眾的方便與福祉。

六時四十八分，與夫人抵達基隆八斗子臺電招待所，應

孫院長邀請之晚餐。另應邀作陪者有孝武先生、孝勇先
生夫婦、孫義宣先生夫婦及魏顧問景蒙。

11月1日　星期六
【無記載】

11月2日　星期日
上午

八時二十六分，偕同夫人至實踐家專禮堂，弔祭謝副總統夫人之喪，並向謝副總統慰唁致意。

九時十五分，至嚴前總統寓所，祝賀其生日。

九時十八分，至歷史博物館，參觀榮民事業畫展。

九時四十分，至國軍文藝活動中心，參觀永懷領袖美展。

下午

在大直寓所見黃院長少谷。

11月3日　星期一
上午

十時，在府接見日本戰略研究中心代表團金丸信（所長）等一行九人。

十一時，接見美國國際商業公司總經理傅萊曼等一行六人。

下午

三時許，曾循陽明山線至竹子湖散步，於四時許抵府。

今日在府曾見俞總裁國華、宋總長長志、蔣秘書長彥

士、馬秘書長紀壯。

11 月 4 日　星期二
上午

十時，在府主持財經會談。再度要求主管機關，切實檢討國內物價上漲的因素，並研究妥善對策，以確實控制物價，穩定經濟。另指示財政部向社會大眾說明抽查建築商漏稅的措施。

今日在府見梁主任孝煌、汪總司令敬煦、馬秘書長紀壯。

11 月 5 日　星期三
上午

八時四十分，至張資政其昀寓所，祝賀其八秩壽辰。

九時，主持中常會。聽取高雄市王玉雲市長的「改制後的高雄市」報告後，表示嘉許。並期望今後在團結、和諧、安定的環境下，更進一步推動建設，不但要改進工、農、漁民的生活，對國民住宅、醫療衛生、公共交通、青年就業等方面，應作更有計劃的推動，使高雄成為一個現代化都市。

下午

四時，在府接見大韓民國文教部長官李奎浩，並頒贈大綬景星勳章一座，表彰其促進中韓文教合作之貢獻。

四時三十分起，分別接見審計部張審計長導民、馬防部

涂司令官遂、鄒總司令堅、輸出入銀行孫總經理義宣、
沈秘書長昌煥、朱部長撫松、宋總長長志。

今日致函美國總統當選人隆納德·雷根，申致賀忱。

11月6日　星期四
上午
十時起，先後見臺灣省黨部宋主任委員時選、高雄市黨
部郭主任委員哲、臺北市黨部余主任委員鍾驥。

下午
三時三十分，在府接見美國參議員派斯勒，並就國際情
勢交換意見。

今日在府曾見馬秘書長紀壯、蔣秘書長彥士、宋總長
長志。

11月7日　星期五
今日在府先後見趙主任委員聚鈺、張副秘書長祖詒、馬
秘書長紀壯、高部長魁元、駐美採購團溫主任哈熊、汪
顧問道淵、宋總長長志。

11月8日　星期六
上午
十時四十二分，乘機抵達澎湖。
十一時十五分，至白沙鄉講美村中南半島難民接待中

心，參觀資料館，並慰問難民。

十一時四十四分，巡視白沙鄉公所，並訪問附近民眾。
然後至通樑村，巡視漁港工程。

中午

至西嶼鄉清心飲食店進午餐，並與店東呂酒瓶閒話家
常。餐後曾到鄉長洪嵩山家中小坐，了解基層建設之
成果。

下午

四時二十分，參觀新近落成啟用的救國團青年活動中
心，並觀賞駐軍部隊籃球比賽。

四時五十分，轉至馬公漁市場，訪問附近漁民及小販。
再至馬公社區，參觀遠東百貨公司及附近各商店，並向
民眾揮手致意。

五時○六分，巡視國軍英雄館。然後至馬公監獄，慰問
受刑人，並參加其降旗典禮。接著步行至對面仁愛之
家，慰問院民。

五時四十三分，巡視蔡園陸軍步兵第一六八師師部。

11 月 9 日　星期日

上午

八時四十二分，至風櫃里觀海景，並訪問當地民眾及參
觀廟宇。

九時四十分，至湖西鄉龍門漁港，詢問漁民生活情形。

九時五十分，巡視龍門戰車連。

十時〇八分，由馬公乘機返北。

11 月 10 日　星期一
上午

八時五十七分，至圓山飯店理髮。

下午

三時〇七分，由寓所乘車至陽明山擎天崗，瀏覽而過。

今日在府先後見蔣秘書長彥士、馬秘書長紀壯、倪院長
文亞、宋總長長志、汪總司令敬煦。

11 月 11 日　星期二
上午

八時四十五分，至石門巡視中山科學研究院，並聽取
簡報。

11 月 12 日　星期三
上午

十時，在國父紀念館主持中央政府紀念國父誕辰暨慶祝
中華文化復興節大會。由陳資政立夫在會中報告「三民
主義統一中國之必然性」。

下午

四時，在中央黨部約孫院長運璿、馬秘書長紀壯、蔣秘
書長彥士、梁主任孝煌、宋主任委員時選、余主任委員

鍾驥、郭主任委員哲等座談。

11 月 13 日　星期四
上午

九時三十分，接見海地共和國總統安全顧問拉楓丹醫生
等（由外交部次長錢復陪見）。

十時起，分別接見北美事務協調會蔡主任委員維屏、行
政院研考會魏主任委員鏞、新聞局長宋局長楚瑜。

十一時十五分，接見沙烏地阿拉伯亞邁德親王，並頒給
大綬雲麾勳章一座。

中午

十二時，在臺北賓館接見多明尼加外交部長費南德士及
隨員等四人，並以午宴款待。

下午

五時，在府見臺北縣長邵恩新。

五時三十分，見中央社駐韓特派員李在方。

另見馬秘書長紀壯、鄒總司令堅。

11 月 14 日　星期五
下午

七時，至政治作戰學校，觀賞三軍四校反共復國教育結
業晚會（由海軍陸戰隊之豫劇隊演出）。

11 月 15 日　星期六

上午

八時四十二分，至圓山飯店理髮。

九時十五分，蒞府。

九時四十八分，至政治作戰學校，聽取簡報。

十時，主持陸、海、空三軍官校暨政治作戰學校聯合畢業典禮，以「現代革命軍人的氣質」為題，期勉全體同學以「時代的強者」互勉，矢志做「國之干城」、「民之楷模」，早日以三民主義統一全中國，創造光輝的歷史新頁。

中午

與參加典禮人員及畢業學生共進午餐，並勉勵大家要體認責任，堅持目標，赤膽忠心，報效國家。

下午

在大直寓所見蔣秘書長彥士、魏顧問景蒙。

陸海空三軍官校暨政治作戰學校
聯合畢業典禮致詞

教育部朱部長、國防部高部長、宋總長、各位總司令、各位校長、各位教職官、各位家長、各位同學：

　　今天是陸海空三軍官校和政治作戰學校六十九年的聯合畢業典禮，各位同學經過嚴格的訓練，從今天起正式成為允文允武的國軍幹部，共同獻身救國救民的偉大行列，經國首先要向所有的畢業同學和家長們表示

由衷的賀意，也要向所有辛勞的教職官先生們表示無限
謝意。

　　各位都知道，畢業的意義，就是創業的開始。諸位
同學現已身為革命軍人，應該開創什麼事業呢？簡單的
說，就是要創造反共復國的中興大業！中華民國的軍人
一直是為勝利而生的，現在更是為中興大業的最後勝利
而生的。所以我深切的盼望大家，從今天起，就應該切
實的發大心、立大願，人人以中興大業為己任，時時以
復國建國為志業，互相以此勉勵，共同奮鬥，那就必能
早日創大業、立大功，完成反共復國的神聖使命！

　　陸、海、空三軍官校和政治作戰學校聯合舉行畢業
典禮，意義非常重大，不但充份代表了三軍一體、共赴
國難的團隊精神，也充份表現了聯合作戰、行動一致的
現代化特色，希望大家保持這種精神與特色，再接再
厲，發揮國軍的強大戰力，發揚國軍的光榮傳統，創造
國民革命軍更偉大的勝利！

　　國民革命之父、先總統蔣公一生非常重視建軍的現
代化，他曾經提示：「先有現代化的軍人，才能組成一
個現代化的軍隊。」又說：「建立現代化的軍隊，必須
先養成現代化軍人的精神、品德、學識、智能為第一基
本條件。」蔣公更進一步的指示：「現代化的軍隊，並
非只指現代化武器裝備而言，比武器更為重要的，還是
官兵的精神、智能、體力、生活、觀念、思維與行動、
風尚，都合乎現代的科學的精神、規律，建立新時代的
一個人生。」因之，如何才能稱為一個現代化的革命軍
人？以及一個現代的軍人應該具備怎樣的氣質？實是一

個重要的課題。我們於體會蔣公的許多提示之中，認為除了軍人應具的一般條件之外，至少還有三方面需要特別努力：

第一、就是要把握現代化軍人的革命精神。也就是要把握三民主義的三大本質！──「倫理、民主、科學」，做為革命軍人的基本精神。

第二、就是要體認現代化軍人的時代責任，也就是不僅僅要做「國之干城」，還要做「民之楷模」。

第三、就是要建立現代化軍人的正確形象，也就是結合「智、信、仁、勇、嚴」五項武德兼備的「強者」形象。

　　首先我們瞭解，三民主義的三大本質，「倫理、民主、科學」，正是現代化的三大本質。所以，唯有貫徹了這三大精神，才不愧是現代的革命軍人，也才不愧是三民主義的忠實信徒。其中我們特別要注意的是：

──就倫理精神來說，身為革命軍人，最重要的就是要有氣節。一個部隊的將士，都能威武不屈，臨難不苟，抱著「我死則國生」的決心，犧牲奮鬥，便是對國家盡忠，對民族盡孝倫理精神的表現，這一支軍隊必定是戰無不勝的軍隊。所以我期望大家要以民族倫理為現代革命軍人的立身基礎，以民族氣節為現代革命軍人的中心主宰，充滿朝氣、豪氣和正氣，立志以頂天立地的精神人格，來開創驚天動地的中興大業！

──就民主精神來說，大家要瞭解，民主的時代，就是注重團隊力量的時代。作為一個現代革命軍人，不

僅在才能上必須要有領導統御的能力，在精神上、生活上更要能夠深入基層，與部屬打成一片，同甘苦，共患難，榮辱成敗，萬眾一心。同時，民主的時代，也是講求溝通的時代，軍隊一方面要嚴明紀律，一方面要上下溝通，強固團體意識，才能精誠團結，齊勇若一。所以我期望各位今後都要厚植這種革命團隊情感的民主精神，時時關心弟兄，處處照顧弟兄，情同手足，然後才能促使三軍之眾，攜手若一，激發大家的參與感和榮譽心，共同奮鬥，共同成功！

——就科學精神來說，科學是我們國防建設的依據，現代的戰爭就是科學的戰爭。因之，沒有現代科學的知識，缺乏科學為基準的治軍方法，就不配成為一個現代的革命軍人。同時，科學的時代，也是講求實效的時代，革命軍人必須要能苦幹實幹，腳踏實地，才能永保銳氣。所以，我期望大家要體認科學精神和科學方法的重要性，注重研究發展，格物致用，多多吸收新知識、新觀念和新方法，以使國軍日新又新，生生不息，不斷創造再創造，進步更進步！

其次，做為現代的一位革命軍人，大家的時代責任就不僅僅是做「國之干城」，更要做「民之楷模」，也就是要以革命軍人的精神做為社會風氣的楷模，進而做為整個國家生活條件與戰鬥條件一致的楷模！在此我還要特別引述領袖蔣公的一段訓詞：「革命軍的軍官，如果能夠忠誠自勉，將虛偽的惡習克除淨盡，做實在的

事情：人家怕死，我們不怕死，人家取巧，我們偏要守拙；人家畏難避險，我們反來勇於負責；人家苟且偷安，而我們卻要刻忍耐勞：這就是所謀『起而矯之』，即力矯時弊，而『以忠誠為天下倡』。」

我希望各位都能反覆深思這段訓詞，多多體會蔣公的這番苦心，以軍中勤奮、儉樸、篤實、守紀等優良風氣，來帶動社會風起的歸正。今天綜觀革命情勢，深知共產主義必定徹底破產，我們的中興大業必能完成，但越是在這最後勝利的前夕，越需要我們加倍奮發，絕不能在安樂中腐敗了志節。唯有如此，才能加速反共復國的實現，加速以三民主義來統一全中國！

歷史是強者所創造的！唯有堅持公義，奮鬥到底，才是真正的強者，也才是真正的勝利者！身為現代的革命軍人，就更應以舍我其誰的抱負，表現出真正的「強者」的作為！但強者並不是永無挫折，而是愈在挫折中愈能英勇，愈在逆境中愈能堅強。這種精神，從中華民國建國迄今的歷史看來，正是我們最感人的國魂所在，也正是國民革命軍最可貴的特點所在，而蔣公的一生，就是「強者」最具體的典範。作為一個中華民國的現代革命軍人，大家必須以蔣公為榜樣，以「智、信、仁、勇、嚴」做為革命軍人品德修養的基礎，切實的自勉自勵，自強不息，任何情況下，頭可斷，志不可缺，志之所向，義無反顧，做一個真正的強者。那麼我們的三軍也必定是真正堅強的鋼鐵部隊！

親愛的同學們！神聖的時代使命正在召喚我們，苦難的大陸同胞更在期盼我們，讓我們共同奮起，以「時

代的強者」互勉，一心精忠報國，終身為民前鋒，不但要矢志做「國之干城」，更要矢志做「民之楷模」，只要大家徹底實踐「倫理、民主、科學」的現代化三大精神，就必能早日以三民主義統一全中國，創造國民革命軍最光輝燦爛的歷史新頁！

祝福大家身體健康、事業順利！謝謝大家！

11 月 16 日　星期日

上午

九時二十六分，抵達彰化縣溪湖鎮公所，詢問縣長吳榮興、鎮長楊宗喜有關地方建設及農作物收成情形。並特別指示，政府目前備有充分肥料供應農民使用，希望農民勿存囤積心理。

九時三十五分，離開鎮公所，曾沿員鹿路步行至福安宮參觀，一路與歡呼之民眾招呼問好。

九時五十四分，訪問吳榮興縣長住宅。

十時〇三分，巡視溪湖果菜市場，向農民們詢問果菜種植及價格甚詳。

十時三十七分，巡視新近完成通車之自強大橋。

十一時十三分，巡視虎尾鎮公所。隨後又巡視雲林工業專科學校，詢問校長張天津有關學校發展情形。

中午

至虎尾糖廠第一宿舍進午餐。

下午

一時許，巡視雲林縣政府。

一時三十三分，至彰化縣二水鄉示範公墓，在謝副總統
夫人墓前獻花致祭。

一時五十一分，參觀二水「林先生廟」。

二時三十五分，抵達南投縣鹿谷鄉，先到建成茶行，休
息飲茶，並詢問縣長劉裕猷及鄉長林丕耀有關凍頂茶產
銷情形。曾將自用之派克原子筆一支，贈送林鄉長作為
紀念。隨後轉往和雅村，至縣議員劉安定家中訪問，劉
議員外出，由其家人接待，曾停留約十分鐘離去。

11月17日　星期一

上午

八時二十三分，至南投縣鹿谷鄉，巡視彰雅社區及活動
中心，看到社區建設的新氣象，非常高興。

八時四十五分，至凍頂社區，訪問茶農林先優家，詢問
今年茶葉生產情形。隨後至凍頂茶區麒麟潭參觀茶園，
並慰問採茶女工辛勞；因見到採茶女工林蘇秀蘋在日曬
下沒有戴帽子，即以自己所戴的一頂帽子相贈。

九時三十分，至鳳凰谷風景區，參觀古蹟「萬年亨衢」
石碑，適逢南投高商一群女生前來旅遊，遂和她們合影
留念。接著又先後參觀鳳凰山寺及永隆村的開山廟。在
永隆村茶園，曾看到六十六年元月間親手所植的一顆茶
樹，已長得很茂盛，頗表欣慰。

十時三十四分，路經竹山鎮延平里弘吉利農產品加工廠
時，曾至其店內參觀，並購買數包「芋仔餅」後離去。

十一時，巡視南投縣政府，並參觀縣府增建完成之四層辦公大樓，又在縣長室略事休息及詢問南投縣的基層建設狀況。

十一時四十分許，至臺中大里鄉草湖美方芋仔冰店，品嚐了一客芋仔冰，並與附近民眾親切招呼。

中午

十二時二十分，由清泉崗乘機返北。

11 月 18 日　星期二

上午

十時，在府主持財經會談。指示主管單位及早擬定我國經濟發展目標，以因應國際經濟不利的局勢，使明年的經濟發展超過今年。並且強調，今後應更重視企業管理的發展與人才的培育訓練；同時也應為民營事業提供更良好的發展環境。

今日在府分別見孫院長運璿、宋總長長志、烏總司令鉞、宋局長楚瑜、馬秘書長紀壯。

晚

八時十二分，送夫人至榮總住院檢查。

11 月 19 日　星期三

上午

八時三十分，在中央黨部接見日本產經新聞社社長鹿內

信隆。

九時，主持中常會。

今日在中央黨部曾分別見高雄市王市長玉雲、高雄市黨部郭主任委員哲、臺灣省政府林主席洋港。另在府見汪顧問道淵；在大直寓所見宋主任委員時選。

晚

八時〇九分，至榮總探望夫人。

11 月 20 日　星期四

上午

九時，在府接見美國夏威夷州州長有吉夫婦等。

十時起，見軍方調職人員。其中個別見者有黃世忠少將一人，集體見者有任敬吾少將等五人。

另見蔣秘書長彥士、臺北市李市長登輝。

晚

八時五十五分，打電話到宜蘭縣政府，詢問宜蘭地區所受豪雨影響，由主任秘書孟健君接聽並報告情況尚不嚴重，始放心。

11 月 21 日　星期五

今日在府見馬秘書長紀壯、汪總司令敬煦、沈秘書長昌煥、蔣秘書長彥士。

下午

六時三十分，至榮總探望夫人。

11 月 22 日　星期六

上午

九時三十分，見駐美採購團主任溫哈熊。

十時，接見西德聯邦情報局長金凱爾博士。

十時三十分，接見新加坡中華總商會會長林維民、副會長謝鏞。

十一時，見輔仁大學校長羅光。

十一時三十分，接見萬國基督教聯合會創始人麥堅泰牧師。

中午

十二時十七分，至榮總探望夫人。

下午

四時二十七分，至烏來散步。

11 月 23 日　星期日

上午

十時四十三分，至圓山飯店理髮。

十一時〇九分，至陽明山散步。

中午

十二時許，至榮總探望夫人。

今日在大直寓所見蔣秘書長彥士、宋總長長志。

11 月 24 日　星期一

上午

十一時五十七分，至榮總探望夫人。

下午

三時二十八分，自大直寓所至竹子湖線散步。

五時，在府見孫院長運璿。

今日在府曾先後見高部長魁元、汪顧問道淵、張副秘書長祖詒、馬秘書長紀壯。

11 月 25 日　星期二

上午

九時三十分，在府接見大韓民國商工部長官徐錫俊，並頒給大綬景星勳章一座。

十時，主持軍事會談。

下午

三時十八分，至陽明山線散步。

今日在府曾見朱部長撫松、汪總司令敬煦、張副秘書長祖詒。

11 月 26 日　星期三

上午

九時，主持中常會。

常會後，見蔣秘書長彥士、梁主任孝煌、宋主任委員時選、余主任委員鍾驥、郭主任委員哲等五人。

下午

四時三十分，在府見中鋼公司董事長趙耀東。

另約見汪總司令敬煦、張副秘書長祖詒、沈秘書長昌煥。

11 月 27 日　星期四

上午

十時，在府接見沙烏地阿拉伯駐華兼使達巴格。（因卸去駐華兼使職務，前來向總統辭行。）

十時三十分，約見中國工程師學會六十九年度所表揚的優秀青年工程師鍾善籐等九人、工程獎章得獎人柴之棣一人及工程論文獎金得獎人張學仁等十人，合計二十人。並致詞嘉勉及詢問他們的研究成就。

下午

四時，觀賞自強演習紀錄影片。

今日在府曾見顧一級上將祝同、馬秘書長紀壯、毛委員長松年。

11 月 28 日　星期五

下午

四時三十分，在府接見美國喬治城大學戰略暨國際研究
中心主任克萊恩博士，並就一般問題交換意見。

今日在府見馬秘書長紀壯、沈秘書長昌煥。

11 月 29 日　星期六

上午

十時，聽取「審查海外遴選立監委員」簡報。參加者有
馬秘書長紀壯、蔣秘書長彥士、沈秘書長昌煥、毛委員
長松年、張副秘書長祖詒等。

十一時三十分，見孫院長運璿。

11 月 30 日　星期日

下午

四時二十五分，至慈湖謁陵；並巡視湖堤施工情形。

12月1日　星期一

下午

三時二十八分，至圓山飯店理髮。

今日在府見俞總裁國華、蔣秘書長彥士、馬秘書長紀壯、宋局長楚瑜、宋總長長志、張副秘書長祖詒、趙主任委員聚鈺。

12月2日　星期二

上午

九時三十分，沙烏地阿拉伯王國新任駐華大使舒海爾，到府向總統呈遞到任國書。

十時，主持財經會談，期勉有關部門，檢討今年工作得失，續求改進；並指示今後朝向密集工業發展，必須培養人才，以應需要；復希望全國同胞克勤克儉，集中財力，從事民生國防建設，以充實國家力量。

財經會談指示

一、今年即將結束，希望各部門對今年以來的工作深入檢討，分析得失，作為明年改進的依據。

政府財經各部門仍應注意加強聯繫與配合，簡化手續與法令，以提高行政效率，同時加強對民營企業的輔導，使能克服面臨的困難，並健全其組織與管理，以提高應變及競爭能力。

今年僑外資績有增加，明年應繼續努力，爭取更多僑外資，以加速我國經濟發展。

二、今後朝向技術密集工業發展，已為政府既定政策。
　　但技術人力的培養，乃為技術密集工業發展的先
　　決條件，可以說：「不培養人才，就沒有經濟建
　　設」，希有關部門詳為規劃，切實推展以配合未來
　　經濟發展的需要，對私立大專院校應加強輔導。
　　現代電腦的廣為運用，加速了科技管理與行政效率
　　的進步，此方面人才的需要，將迅速增加，應早為
　　籌劃培訓，以配合未來的需求。對資訊工業也應作
　　有計劃的推展。
三、我們是一個資源與資本不足的國家，今後必需保持
　　我們過去傳統勤儉的美德，方能充實國家的力量。
　　希政府各部門切實做到消費方面能省的儘量節省，
　　移用節省的財力用於民生與國防的建設；民間方面
　　也望能予配合，共同發揮勤儉的美德，來提高儲
　　蓄，以充實投資的財源，達成勤儉建國的目標。

12月3日　星期三

上午

九時，主持中常會。

在黨部曾見蔣秘書長彥士、梁主任孝煌、宋主任委員時
選、余主任委員鍾驥、郭主任委員哲。

下午

四時，在府見北美事務協調委員會蔡主任委員維屏。

四時三十分，見駐玻利維亞大使吳祖禹。

另約見秦主任委員孝儀、宋總長長志、馬秘書長紀壯。

12 月 4 日　星期四
下午

三時四十分,在竹子湖線散步。

今日在府見汪顧問道淵、中央黨部陳副秘書長履安、馬秘書長紀壯、蔣秘書長彥士、宋局長楚瑜。

12 月 5 日　星期五
中午

十二時,在臺北賓館接見沙烏地阿拉伯王國財政兼國家經濟部部長阿巴赫爾等五人;並以大綬卿雲勳章一座,頒贈阿巴赫爾部長,表彰他對促進中沙兩國財經合作的貢獻。

十二時三十分,以午宴款待阿巴赫爾部長。

下午

四時許,至竹子湖線散步。

今日在府曾見宋局長楚瑜、高部長魁元、馬秘書長紀壯、鄒總司令堅、汪總司令敬煦。

12 月 6 日　星期六
今為自由地區增額國大代表及立法委員選舉之日。

上午

八時,偕夫人抵達設於大直力行新村幼稚園之六〇一投票所,各自投下神聖的一票。並一再與民眾揮手致意後

離去。

九時十五分，至中央黨部見蔣秘書長彥士，並至組工會垂詢輔選工作。

九時四十八分，由蔣秘書長陪同，乘車巡視了永和、中和、板橋等地區。

十時四十五分，至士林官邸。

十一時，至天母孝勇先生寓所。

晚

八時十五分，至中央黨部，分別見蔣秘書長彥士、馬秘書長紀壯、梁主任孝煌、周主任應龍、宋局長楚瑜，聽取選情報告。

八時四十分，約見孫院長運璿。

12月7日　星期日

凌晨

一時二十七分，自中央黨部返回大直寓所。

上午

九時五十五分，至中央黨部，約蔣秘書長彥士、馬秘書長紀壯、張副秘書長祖詒、梁主任孝煌、周主任應龍、宋主任委員時選、余主任委員鍾驥、郭主任委員哲、宋局長楚瑜等座談。

下午

四時三十四分，抵達基隆。首先至市長陳正雄之寓所，詢問地方政情及農漁民生活狀況。隨後巡視了新山水

庫,再至安樂社區,訪問民眾並與民眾親切交談。於五時四十分,在群眾歡手歡送中離去。

六時〇五分,訪晤孫院長運璿於其寓所。

12 月 8 日　星期一

上午

九時五十三分,至圓山飯店理髮。

中午

十二時十五分,至一級上將黃杰寓所,賀其生日。

下午

四時,至陽明山散步。

六時,約見中央選舉委員會主任委員邱創煥,聽取有關選舉經過報告。對於此次自由地區增額國大代表及立法委員選舉,能夠如期順利完成,深表欣慰。同時對邱主任委員、各位委員以及全體工作人員的辛勞,至表嘉許;並囑邱主任委員分別代為致意。

今日在府曾見馬秘書長紀壯、張副秘書長祖詒、蔣秘書長彥士、沈秘書長昌煥、宋總長長志。

12 月 9 日　星期二

上午

十時,主持軍事會談。

今日在府見宋局長楚瑜、孫院長運璿、魏主任委員鏞、俞總裁國華、宋總長長志。

12月10日　星期三

上午

九時，主持中常會。指出此次選舉，本黨推薦之候選人，接近全部當選，是民眾信任和支持本黨的明證。期望全黨同志以大中至正的精神，竭盡智能，為國效命，為民服務，來答謝民眾對本黨愛護的熱忱。

下午

四時，約孫院長運璿、黃院長少谷、馬秘書長紀壯、蔣秘書長彥士、沈秘書長昌煥、張副秘書長祖詒等座談。另見汪顧問道淵。

今日遴定二十七位僑選增額立法委員及十位僑選增額監察委員。

中常會談話

　　此次增額中央民意代表選舉，經過公平的競爭、公開的活動、公正的投票，已經在本月六日順利選出了七十六位國民大會代表、七十位立法委員。今天本黨常會又通過了增額監察委員黨內提名的一十九位候選同志，以便參加本月二十七日由省市議會進行的選舉，同時政府也已公布了遴定的僑選二十七位增額立法委員和十位監察委員，預見本年的增額中央民意代表選舉，在

全民參與之下，即可全部圓滿完成，使我們的民主憲政
又再向前邁進了一個新的里程。這是一件重要的事情。

　　大家都知道選舉是通往民主政治的必經之路，選舉
也是衡量民主政治的最佳尺度。那麼從這次選舉的過程
來看，雖然說不上完善無缺，但比以前更為踏實，更為
穩重，這是鐵的事實。無論如何，成熟的經驗都是從不
斷磨練中得來的，只要我們有著恆久不變的信心，就一
定能夠走上民主的康莊大道。

　　這次選舉也給我們加深肯定了幾點認識：

　　首先，今天國家雖然處於非常艱危的環境之中，但
由於本黨和政府貫徹民主憲政的決心，確認現代政治進
步的動力，在於民主的實踐，為了國家的長遠前途，毅
然排除一切困難，定期舉行，並且擴增名額，來充實中
央民意機構。因之，這次選舉乃是建立在本黨和政府堅
定決策的基石之上，意義十分重大，也顯示我們堅守民
主陣容、弘揚憲政之治的目標，永不改變。其次，動員
戡亂時期公職人員選舉罷免法的公布施行，證驗了民主
與法治的決不可分，唯有在法治之下追求民主，民主政
治才可功能益顯，否則將是沒有秩序的政治。這次選舉
是制定選舉罷免法以後第一次的適用，雖然有些地方還
待研究改進，但是無疑的，這個法律已使選舉得到保證
能在公平、公開、公正之下合理進行，而全民守法精神
的表現，樹立了法律的尊嚴，尤其是這次選舉中最珍貴
的收穫。

　　再次，在競選活動期間，絕大多數的候選人以及他
們的助選員，都能遵循民主法治的規範，謹守分際，用

理性方式來發表政見或提出主張，並且大多能從國家整體利益著眼，以全民福祉來著想。同時，絕大多數的選舉人，更能充分運用高度的理智和冷靜的觀察，投下神聖的一票，使這次選舉始終保持在團結和諧中循序進行，顯示我們的民主素養已有進步，也反映了民眾願望祥和安定，在安居樂業中力求進步的意向，十分有助於民主制度價值的肯定，象徵我們國家前途光明，實是極為可喜的現象。

當然，還有極少數的候選人和助選員，在競選活動的方式和言論上，仍有對選舉品質產生不良影響的情事，好在政府措施一向廓然大公，而今天的選民也有明辨是非的能力，歪曲不了我國家整個的形象。但是對於所有候選人發表的政見，我們都應重視，並應詳加整理研究，其中有對本黨和政府誠懇的策勵，固然要虛心的、細心的、客觀的研究採納，即使偏見的批評，也要加以檢討，或作參考。不過最值得我們提高警覺的，則是共匪無所不用其極，隨時企圖破壞我們的團結安定，甚至在此選舉中，勾結利用海外「臺獨」叛國份子，陰謀滲透來干擾選舉，因之大家必須繼續加強防範，嚴密檢肅匪諜，確保國家社會的安全。

特別令人感動的，是全體選、監工作人員的勤奮辛勞，其中很多都是盡義務的，從選舉籌備開始，一直到投票、開票為止，無分晝夜，負責盡職，把這次選舉辦得井然有序，這種為國為民、犧牲奉獻的精神，實在使人由衷起敬。此外，其他有關單位人員，在選舉期中，也能密切配合，協調互助，顯著發揮了團隊作業的功

能，都值得嘉許，希望主管部門的從政同志，分別予以
獎勉。同時新聞傳播界對於選務的善意建議、選情的客
觀報導，尤其對於選舉風氣的匡正，都忠實地盡了輿論
界的言責，也是令人無限的欽佩。

至於選舉結果，本黨提名推薦的候選人，接近全部
當選，這是本黨永遠和民眾在一起，民眾予本黨信任和
支持的明證。我們唯有以大中至正的精神，竭盡智慧能
力，繼續努力，更接近民眾，為國效命，決不辜負民眾
的厚望，來答謝民眾對本黨愛護的熱忱。

總統的遺訓：實踐三民主義，光復大陸國土，復興
民族文化，堅守民主陣容，是本黨的基本立場，也是國
家的基本立場，更是謀求國家長治久安的唯一道路，我
們必須結合全國同胞，戮力以赴，以達全中國民有、民
治、民享的實現，至希全黨同志相互以此期許，以此共
勉，永遠以純潔、誠實、決心和勇氣，來完成我們今後
艱巨的使命，中華民國前途一定光明！

12 月 11 日　星期四
上午
十時，在府分二批見軍方調職人員海軍中將袁昌炎等
十九人。
十一時，見駐沙烏地阿拉伯王國大使薛毓麒。

12 月 12 日　星期五
上午
在府見張副秘書長祖詒、宋局長楚瑜。

下午

三時三十分，蒞中央黨部，先後約見蔣秘書長彥士、中央政策會關副秘書長中、組工會梁主任孝煌、社工會蕭主任天讚、青工會張主任豫生、朱部長撫松、汪總司令敬煦。

12 月 13 日　星期六

下午

四時三十分，在中央黨部約見倪院長文亞。

五時，見中央政策委員會秘書長趙自齊。

五時三十分，見中央黨部秘書處主任陳時英。

12 月 14 日　星期日

上午

九時十七分，至臺北縣深坑鄉阿柔村，察看正在施工中之中正橋。

十時○二分，巡視平溪鄉公所，聽取鄉長曾定國地方情形簡報；並至平溪街上訪問居民。

十時五十四分，參觀十分寮瀑布。指示邵縣長對此特殊景觀應加強維護與開發。

中午

十二時三十分，巡視瑞芳鎮公所，特別指示對於礦工所引起的職業病——矽肺病，應多加防範，並對患者要特別照顧。

下午

一時三十五分，巡視雙溪鄉公所，向鄉長曹正男詢問
地方建設情形。隨後並參觀了三忠廟，和成群民眾握手
問好。

二時○八分，至貢寮鄉，聽取鄉長吳清同簡報後，轉往
澳底漁港，仔細詢問漁民收入、生活及保險等情形，然
後在漁民歡呼聲中離去。

今日巡視臺北縣時，對於基層行政人員在辦完增額中央
民意代表選舉後，又要趕辦戶口農漁普查之辛苦，特囑
邵縣長轉致慰問之意。

晚

七時二十五分，至國軍文藝中心，觀賞金門文化訪問團
演出之「金門之夜」晚會。

12 月 15 日　星期一

上午

八時二十三分，親臨臺北市立殯儀館弔祭我國農業界耆
宿沈宗瀚博士之喪。

九時二十五分，蒞臨新竹科學工業園區，由國科會主任
委員徐賢修博士陪同，親自駕駛清華大學與唐榮公司合
作生產之電動汽車，巡視新落成的園區一週。

十時，在科學工業園區揭幕式中講話，提示有關部門，
要密切配合園區的發展。同時園區的行政管理，要做到
實事求是、新速實簡，使園區原有的構想順利展開，達
成預期目標。

今日在府見沈秘書長昌煥、張副秘書長祖詒。

科學工業園區揭幕式講話

經過多年的研究、設計和策劃，在全體同仁的努力籌備下，我們的科學工業園區，終於在今天正式揭幕。這個園區的興建，是政府推動技術昇格與改善產業結構的一件重大措施，也可以說是我們經濟發展的新境界、國家建設中一件劃時代的大事。

我們在十項建設工程次第完成之後，隨即積極推動技術密集工業的發展，目的在使我們從引進高級技術，邁向創造技術和工業更新的大道。因為唯有從事高級技術的研究、發展與製造，才能使科技在國內生根，才能使我們工業百尺竿頭，更進一步。

各位都知道，發展技術密集工業有以下幾個優點，也適合於我們的經濟：

第一、技術密集的工業，對土地、資源與能源的需求都比較低，對技術人力的需求則比較高。我們向這一方面發展，正是以自己之所長，補自己之所短。

第二、創新的工業，能推出科學新知匯聚而成的產品和服務，當保護主義在國際市場上日益高漲之時，具有較高的競爭力，儘管每個高級技術的單項產品都有相當的風險，但高級技術在一個經濟體中的總和，卻是一個安全因素。

第三、高級技術的工業，比較最沒有污染力，有助於達成環境保護的目標。

　　不過，任何政策都不是可以徒托空言的。我們為了推動和配合這個政策，已經採取了一系列的措施。例如：改進各個層次的科學教育，修訂專利制度，以及修訂獎勵投資條例等，都在齊頭並進的辦理之中，而最具體的，就是科學工業園區的設置，它不但代表政府施政的求新求實，更代表一種觀念的突破。

　　我們這個園區與其他國家類似的園區相比較，還有兩個特色：

第一、這個園區與大學研究及工業研究發展單位的聯繫特別密切，以使教育研究成為工業的上游，而將科學工業變成教育研究的下游，人力資源是我們最寶貴的資源，我們一定要作到園區工業是人才再訓練的處所，才算達成技術向下紮根，向上昇級的目標。

第二、其他國家興辦工業園區，每多使用現金貼補來吸引業者投資。但我們經過慎重的考慮，決定創造一個有充沛人力、利潤高、風險低的投資環境，而不採取貼補的措施。這個政策，充分反映了我們平實的做法和充足的自信。

　　目前參加園區投資的工業，大多是從事小型電腦和微電腦的製作發展，屬於資訊工業的主流；此外也都是供應資訊工業元件配件的高技術衛星工業。這一點顯示了園區在國內倡導資訊工業的潛力。資訊工業與一個國家能否現代化，誠然有密切的關連，但我們人力、物力、財力有限，必定要先作審慎的選擇，依照自身發展的能力和條件，訂定優先次序，循序以進。同時，現代

的高級技術是多彩多姿的，決不限於資訊工業，所以我
特別希望，在今後的三五年內，我們的科學工業園區更
能引進有關能源、材料與現代生物科學的技術和工業，
達成較為平衡的發展。

最後，我要指出，這個園區能否真正成功，有賴於
高效率的行政管理。整個園區的構想，乃是要將學術研
究和工業生產相結合，要將個人的創意和活力，與群體
互助力相結合，從而達成工業的創新與生產力的提昇。
而這兩者能否結合，要看行政管理能否實事求是，做到
新速實簡，真正為投資人服務，為研究發展預備活潑的
園地。更要緊的是，政府各部門要密切配合，步調一
致，有共同的觀念，共同的作法，才能使園區原有構想
順利展開，達成預期目標。

12月16日　星期二

上午

九時三十分，在府接見美國退伍軍人協會總會長柯格德
及該會紐約華裔分會分會長吳新旺。

十時，主持財經會談，提示明年經濟目標，在於穩定物
價，增加出口，發展科技，節省能源；並當致力於自身
努力，以克勤克儉的精神，來衝破當前的難關。

下午

三時十七分，至圓山飯店理髮。
三時四十分，至陽明山竹子湖線散步。
今日在府曾見孫院長運璿、馬秘書長紀壯、張副秘書長

祖詒、汪顧問道淵。

財經會談提示

一、本年物價波動甚大，為石油危機發生以來第二次的
上升，雖多由於外來因素，無法加以控制，但國內
因素，如工資的大幅上漲，食物與民生物資價格的
波動等，均應深入檢討，求其穩定。明年應以穩定
物價作為主要目標，期能安定民生，並控制出口產
品的成本，使於經濟安定中促進經濟的繼續成長。

二、我國為一出口導向的國家，故繼續增加出口，仍應
視為我國經濟發展的重要工作，而增加出口尤望注
意於：（1）提高產品的品質。（2）促進產品多元
化，及（3）分散國外市場，以提高競爭能力。政
府有關部門應體認民間企業為國家工業的主體，
多方予以輔導，俾由出口的擴展，帶動整個經濟的
活動。

三、工業的升級，產品品質的提高與生產成本的降低，
均有賴於科技的研究與發展，低廉工資時代已過
去，今後必需努力於科技的發展與科技人才的訓
練，進而建立技術密集工業。今後工業的成效，繫
於科技的能否發展。新竹科學園區的創設與擴展，
應視為今後數年中的重要工作，積極予以推動。

四、近年油價巨幅上漲，造成嚴重能源問題，各國無不
盡量節省能源，並分散能源的來源，使對石油的依
賴日漸減少。但我國自第一次石油危機以來，對於
石油的進口，不但未能減少，且仍繼續增加。今後

對於石油消費性的需求，務必盡量節省；對於生產
性的需求，應從技術上的改進來減少能源的耗費。
能源問題的能否解決，關係我國未來經濟的成敗，
必需研訂計劃，全力以赴。

五、明年世界經濟的發展，仍不樂觀，我們不能等候世
界經濟情勢的好轉，而應致力於自身的努力，克服
當前困難。繼續開展我國經濟，尤需從勤儉著手，
以儉來節省消費，增多儲蓄與投資，用儉來節約能
源的消耗，用作生產的資源；用勤來提高勞動力，
減低生產成本，改進產品品質，以加強外銷的競爭
能力，望以克勤克儉的精神，來衝破當前的難關。

12月17日　星期三

上午

八時二十分，至孫院長運璿公館，祝賀其生日。

八時四十五分，在中央黨部見孫院長。

九時，主持中常會，決定獎勵投資條例修正草案利息課
稅部分，維持「定額免稅」原則，達到國民大家儲蓄投
資，避免高所得者享受過份優惠利益之目的。

十一時二十五分，至革命實踐研究所，與研究班第一期
研究員顏海秋等共進午餐，並約研究員個別談話。

今日曾見馬秘書長紀壯、沈秘書長昌煥、張副秘書長
祖詒。

12 月 18 日　星期四
上午

十時，在府分二批約見軍方調職人員解顯中等十七人。
另見汪顧問道淵、宋總長長志。

下午

四時五十四分，在中央黨部見蔣秘書長彥士、考紀會梁
主任委員永章。

12 月 19 日　星期五
上午

十時，在府主持國父紀念月會，新任教育部政務次長李
模、法務部政務次長施啟揚、僑務委員會副委員長羅明
元於會中宣誓，由總統為之監誓。隨後內政部長邱創
煥，在會中提出「辦理增額中央民意代表選舉報告」。
十時三十分，見駐薩爾瓦多大使羅友倫。
十一時，集體見俞總裁國華、李政務委員國鼎、朱部長
撫松、蔣秘書長彥士、宋總長長志等五人。
另見馬秘書長紀壯、烏總司令鉞、宋局長楚瑜。

下午

四時四十二分，在中央黨部見臺北市長李登輝。
六時十二分，至榮民總醫院，探望蔣總司令緯國。

12 月 20 日　星期六

上午

九時十四分，偕同參謀總長宋長志、總統府副秘書長張
祖詒、臺灣省政府主席林洋港等，蒞臨金門訪問。對前
線各項軍經建設較前進步，以及部隊士氣高昂、民眾生
活安定和樂，深表滿意和欣慰。總統曾嘉慰軍政幹部終
年的辛勞，同時也勉勵大家加倍努力，以迎接建國七十
年代的來臨。

晚

八時，在擎天廳觀賞「丹尼爾的故事」影片。

12 月 21 日　星期日

上午

八時〇五分起，先後巡視金門中正公園、太湖、榕園、
童子軍活動、林務局、民俗文化村、迎賓館等處。並且
與官兵和民眾們親切地談話，分別向他們祝賀新年快
樂。軍民看到總統在這嚴寒季節來到前線，均感歡欣與
興奮，大家也頻頻向總統問好。

十時四十一分，乘機飛返臺北。

12 月 22 日　星期一

上午

十時二十分，至圓山飯店理髮。

今日在府見宋總長長志、張副秘書長祖詒。

下午

三時五十五分，在中央黨部見蔣秘書長彥士、馬秘書長
紀壯。

四時四十五分，至三軍總醫院探望余漢謀、錢大鈞、劉
玉章將軍等。

12 月 23 日　星期二

上午

十時，主持軍事會談。

會談後，見孫院長運璿。

下午

五時，在府約集孫院長運璿、黃院長少谷、馬秘書長紀
壯、蔣秘書長彥士、沈秘書長昌煥等座談。

12 月 24 日　星期三

上午

九時，主持中常會。

在黨部曾見宋主任委員時選。

下午

四時三十分許，自陽明山線散步。

今日在府見馬秘書長紀壯、張副秘書長祖詒。

12月25日　星期四

上午

九時，在中山堂主持慶祝中華民國行憲紀念大會暨國民大會憲政研討委員會第十五次全體會議、第一屆國民大會代表六十九年度年會聯合開會典禮，並致詞昭示國人，加速消滅共產主義暴政，將三民主義憲法的光芒，普照全大陸，是所有中國人自救、救國之道。希望大家能本此歷史使命，精誠團結，全民一心，奮鬥到底，贏得最後的勝利。

九時三十三分，至士林官邸。

十時許，訪晤陳資政立夫於其寓所。

十一時，訪晤何應欽將軍於其寓所。

中華民國行憲紀念大會
國民大會憲政研討委員會第十五次全體會議
第一屆國民大會代表六十九年度年會
聯合開會典禮致詞

各位代表先生：

中華民國六十九年行憲紀念大會、國民大會憲政研討委員會第十五次全體會議、國民大會代表六十九年度年會，今天隆重的舉行聯合開會典禮，環顧當前情勢，大陸共產制度已經徹底失敗，我們光復大陸的契機日趨接近，各位代表先生在此時集會，共謀弘揚民主憲政，策進中興大業，實在具有重大意義，經國首先要向各位表示由衷的敬意。同時深信在各位先生代表全國國民的群策群力下，必能使國家建設更為進步、更為篤實，早

日完成以三民主義憲政統一全中國！

　　緬懷我們國家的行憲歷程，一方面是經過了無數的坎坷，一方面也是充滿了無窮的希望。國父領導辛亥革命，締造了亞洲第一個民主共和國，為我們的民主憲政奠定了始基。其後國家連遭內憂外患，幸經先總統蔣公領導全民艱苦奮鬥，終能排除萬難，歷軍政、訓政時期之後，實踐國父遺志，於民國三十六年十二月二十五日施行全民付託、基於三民主義的憲法，進入憲政時期的新紀元。但因共匪叛亂，大陸同胞至今不但不能享受憲政果實，而且過了三十餘年水深火熱牛馬般的奴隸生活，亟待我們以復興基地三十餘年來憲政建設成功的基礎，將這部憲法完整的帶回大陸，做為全面建設的總藍圖，讓全中國人民同沐三民主義憲政的光輝！

　　中華民國的建立，是植基於天下為公的三民主義和大中至正、大勇至剛的民族精神，就以這一建國精神為根本，我們用能自強不息克服橫逆，發展建設，創造革命大業。今年一年之中，面對國際政治與經濟的衝擊、共匪統戰陰謀的挑釁，我們始終站穩立場，堅守原則，在安定中求進步，並且昂首挺胸，繼續大步的朝向民主大道邁進，毅然決定舉行增額中央民意代表的選舉，還擴大名額來充實中央民意機構，顯示我們堅持民主憲政的決心，不但要以具體的行動向歷史交代，更要以民主的榜樣向大陸號召，來加速共匪暴政的崩潰。我們堅決相信，這一貫徹民主憲政的決心，就是反共必勝、建國必成的最大保證！

　　當前的事實很清楚，共產主義已經到了完全破產的

邊緣，大陸同胞也已認清共匪的邪惡本質，絕不甘心
再受奴役了。今天共匪企圖將一切罪惡都推給「四人
幫」，只不過更加暴露共匪奪權鬥爭的惡性循環而已，
而在這惡性循環中，受苦受難的仍是我們大陸同胞。因
此，我們為全民族的命運著想，為全中國的出路著想，
就一定要與大陸同胞和海外僑胞緊緊團結起來，加速消
滅共產主義暴政，將三民主義憲政的光芒普照全大陸，
這才是所有中國人自救救國之道！

　　其次我們也清楚，只要共匪一日存在，它便一日不
會放棄對自由世界的滲透顛覆，這是國際共產黨——不
論俄共或中共，要赤化世界共有的通性，自由世界如果
存有「聯中共制俄共」的幻想，不僅不切實際，反將
自食苦果。換句話說，反共沒有變通，沒有中間路線，
否則只有自亂反共陣腳，貽人類以無窮後患。更深一層
來看，從全球的戰略觀點，今後的世界和平問題首賴中
國問題的解決，而中國問題只有我們中華民國才可以解
決，也就是只有以三民主義憲政統一全中國，中國大陸
才能真正轉變為自由化、民主化與中國化，而唯有中國
大陸邁向真正的自由化、民主化與中國化，亞洲與世界
才有真正的和平可言！

　　先總統蔣公曾經昭示我們，「反共復國的聖戰，實
即為捍衛憲法的聖戰」，因為「這部憲法是全國人民神
聖的付託，乃是民主自由正義的象徵」。本此認識，中
華民國必將以堅決的意志、肯定的信念，從以下各方面
作不懈的努力：
一、在國家建設方面，我們永遠要以民主、自由、正義

為國家目標，在三民主義的憲政基礎上，繼續強化
國防，推動經濟發展，力行政治革新，發揚民族文
化，促進社會福利，以使國家建設在不斷進步中，
改善國民生活，確保國家安全，而實現憲法所示鞏
固國權、保障民權、奠定社會安寧、增進人民福
利的宗旨，互切互磋，共信共行，自立自強，不
成不止！

二、在掌握大陸情勢方面，我們確認決不與共匪談判、
決不與共匪妥協，是反擊共匪統戰陰謀、摧毀匪偽
政權最有力的利器，所以我們要結合海內海外所
有的中國人，針對匪黨的既鬥且亂，注視其演變情
勢，與大陸同胞攜手連心，從四面八方，運用一切
力量，展開各種行動，裡應外合，來爆發波瀾壯闊
的反共大運動，剷除禍國殃民的共黨暴政，讓三民
主義在大陸重新播種和耕耘，再造新中國。

三、對國際關係方面，我們還要忠告所有的自由世界
國家，務必認清，和平的障礙，在於共黨的侵略擴
張；世局的癥結，在於反共的步調不一。更須早日
覺知自由與奴役無法並存，民主與極權不能兩立，
唯有團結以力量遏止共產主義的禍害，人類方能真
享和平。中華民國政府，不但歡迎所有民主國家人
士實地參觀和研究我們的三民主義建設，更歡迎大
家深入探討推動這些建設的根本動力——也就是三
民主義的精神基礎，並以這一基礎來與自由世界建
立真誠的、平等的和道義的友好關係。相信所有愛
好自由民主人士，必能肯定一個事實：中華民國才

是全中國希望之所繫。

各位代表先生！我們國家雖然時值非常，國步多艱，但數十年來的努力，已經充份證明了，力行三民主義的憲政，不但方向是正確的，前途更是光明的。讓我們本此歷史使命，精誠團結，全民一心，奮鬥到底，那就必能得到最後的勝利──以三民主義憲政統一全中國！

敬祝大會圓滿成功，並祝各位代表先生健康愉快！

謝謝大家！

12月26日　星期五
上午

九時三十分，在府接見美國參議員史東夫婦。

十時，集體約見軍方調職人員夏沛霖少將等十一人。

十時三十分，接見前美援會顧問富萊利。

十一時，見國策顧問何世禮。

下午

四時三十五分，至榮民總醫院探視孫院長運璿。

五時○五分，至中央黨部見蔣秘書長彥士及立法院黨部陳書記長蒼正。

12月27日　星期六
今日在府見高部長魁元、馬秘書長紀壯、蔣秘書長彥士、梁主任孝煌。

12 月 28 日　星期日

上午

八時五十分，啟程赴苗栗地區。

十時，抵達苗栗縣頭份鎮，參觀天仁茶園，曾品嚐天仁茗茶。

十時二十五分，巡視頭份鎮公所，聽取鎮長林為樑之基層建設簡報，曾贈電子錶筆一支，以示慰勞。

十時四十分，至中華路四十八號攤位，品嚐肉粽及貢丸湯。

十一時，至斗煥坪巡視興建中之中港大橋，並為命名為「平安大橋」。

十一時二十一分，巡視三灣鄉公所，聽取鄉長梁增海的基層建設簡報，囑梁鄉長要多做好為民服務工作。

中午

十二時，至獅頭山，在張琴飲食店進午餐。並與遊覽民眾親切招呼。曾數次親抱孩童與圍聚的民眾合照留念。

下午

一時，巡視南庄鄉公所。隨後並至南庄東村訪問了兩處民家。

二時三十分，巡視獅潭鄉公所。

三時十六分，至大湖鄉富興村，參觀草莓園，了解草莓的栽培及生產情形。

三時三十分，返北。

12月29日　星期一

上午

在府見馬秘書長紀壯、張副秘書長祖詒。

下午

四時二十分，訪晤顧祝同將軍於其寓所。（二十八日為顧將軍生日）

四時四十分，在中央黨部見蔣秘書長彥士。

12月30日　星期二

上午

十時二十一分，至圓山飯店理髮。

下午

四時三十分，在府接見前美國駐華大使安克志夫婦。

五時，接見美國參議員哈奇。

今日在府分別見沈秘書長昌煥、馬秘書長紀壯、朱部長撫松、宋局長楚瑜、俞總裁國華。

12月31日　星期三

上午

九時，主持中常會。首先期勉全黨同志年年奮鬥，歲歲進步。在聽取臺北市長李登輝報告一年來市政工作後，曾提示臺北市府要加強社會福利措施，提高市民的生活品質。此外並發表談話，嘉許此次增額中央民意代表選

舉，一切都能依法進行，但仍應針對缺失，認真檢討改進，永保純潔的選舉品質。常會後，見蔣秘書長彥士、梁主任孝煌、宋主任委員時選、余主任委員鍾驥、郭主任委員哲。

下午

四時，見宋主任委員時選。

另見魏顧問景蒙、何署長恩廷、馬秘書長紀壯。

六時五十五分，蒞臨蔣緯國將軍寓所，並共進晚餐。

中常會談話

繼本月六日自由地區全民投票選出七十六位國民大會代表、七十位立法委員之後，本月二十七日又由省、市議會議員，投票選出了二十二位監察委員，連同遴選的二十七位僑選立法委員和十位監察委員，此次增額中央民意代表的選舉工作，業已全部完成。所有當選的七十六位國大代表、九十七位立法委員和三十二位監察委員，也經依法公告，即將於明年二月一日分別就職，使我們的中央民意機構增添新血，強化功能，並使中華民國的憲政法統更為發揚光大。

這次選舉的整個過程，一切都能依法進行，無論選舉事務，競選活動，選舉秩序等各方面，較前都有進步，這是好的現象，說明了我們的選舉人和候選人在民主政治的素養上顯著提高，而為我們建立現代化的民主法治社會加深了基礎，也使我們貫徹三民主義憲政更具信心。相信只要堅持目標，繼續努力，假以相當時日的

歷練和經驗，必能得到更多的成就。

當然，選舉之中，仍有若干地方尚須改進，尤其是在監察委員的選舉方面，更應虛心的、深入的、認真的加以檢討。本黨以執政黨的立場，應該負起責任，針對缺失，詳作研究，提出改進辦法，透過從政同志，切實執行，以求今後辦理選舉，能夠不斷進步，達到無缺點的境界。

為此，本席在這次選舉結束之時，願再表達幾點期望：

一、本黨一貫地以光明正大的立場。坦蕩無私的胸懷，致力於民主憲政的實踐，旨在促進全民團結和諧，國家安定富強，此心此志，決不稍渝。尤其面對共匪敵人暴政，殘民以逞，我們肩負以三民主義統一中國的歷史使命，更有必須做為現代民主政治榜樣的責任，至望全黨同志，深體此旨，堅強黨性，堅定信念，永遠歸向在黨的號召之下，為國家前途的昌明，貢獻智能與心力。

二、選舉雖然只是實施民主政治步驟中的一環，但無疑是最重要一環。因之，辦好選舉，是任何民主國家首先重視的大事，而乾淨純潔的選舉風氣，更是任何選舉的必需要求。我們為了復興基地的民主政治不離正軌大道，必須永遠保持純淨的選舉品質。本黨決將以此標的，嚴格考核黨員，務期皆能明辨義利，謹守分際，以高度的自尊，在全民參與的選舉中樹立楷模。

三、深信這次選舉中的每一候選人，都是懷著為國為

民服務的抱負來作奉獻而參加競選，所以凡是當選者，必當一本初衷，以國家利益為前提，以民眾福祉為依歸，克盡職責，共為一個有理性、有正義、有公平的民主政治，奠立健全的基礎，確保國家的堅強屹立。本黨同志尤須緊緊的永遠和民眾在一起，把愛心投給需要服務的民眾，使大家獲得更多的快樂幸福。

國家愈在非常困難的時刻，我們愈加十分肯定：唯有實踐三民主義，堅守民主陣容，才能通過任何考驗，衝破一切難關。這次增額中央民意代表選舉本此信念辦理，今後各項選舉亦將同此信念進行，至希全黨同志互勵互勉。

難忘的一年──
七十歲生日有感

時光荏苒，七十之年，忽忽已屆。今天承同胞同志付託之重，雖不敢不與日孳孳，而忘身之老，但是自計一生志事，實在不足以上答親恩、並報稱同胞同志之期望於萬一。

回想這許多年來，民國六十四年是一生之中最痛苦、最艱難的一年。因為這一年，父親突然大去，使我呼天搶地，一時之間，頓失憑依，而國難、黨責、時艱，由此而與日俱深，因之對我來說，這一年，精神的感受，可說是最長的一年，其痛苦的煎熬，更是難忘的一年。

今年四月四日，海內外同胞為追懷先總統蔣公捐建的中正紀念堂落成，堂構宏偉，典禮隆重。是夜獨坐，追思父親生前種種，慈容溫諭，宛然在目。翻閱我在民國六十四年所寫日記，其間所記父喪、國事、感懷，猶有沉哀在心，迴盪不已，誠不知當時如何渡過此痛苦而難忘的一年。

父親生前，時常訓起我：「只要有利於國家社會的建設，有助於福國利民的事業，任何艱苦，都是試煉，任何責難，都是箴規，任何險阻，皆當在所不辭。」多年來，我對國家、對社會、對人、對己，都是以此自信自勉，總期身體力行，無時或懈；而一行一事，往往都寫於日記，以期時時自反，刻刻自勵。

因此亦深感日記所記，雖多為個人心曲，卻無不

可以對人言，尤無不可以為同胞同志言。所以將民國六十四年日記，刪節無關的瑣事；摘略以公之國人。

雖說日記所記之事，已成陳迹，固不敢說欲使同胞同志了知當時個人的痛苦感受，但那一階段，我們國家處境的艱危，至於已極，由於海內外同胞，深懷先總統蔣公的遺言，絕不懷憂喪志，抑且精誠團結，淬厲奮發，使我們國家民族在國父和先總統蔣公的精神指引之下，克服了萬難，渡過了艱危，而走向安定、開拓、發展、自強的新境；為國家民族復興，奮鬥的意志更集中、貫徹的信念更堅確。所以個人在七十歲生日之時，公開這一年的日記，是要在懷念親恩、踐履「試煉、箴規、險阻不辭」之庭訓的同時，期望同胞同志，知我自省自勵的深切，而對我倍加督責，也使我和同胞同志們更能精誠互感，情分交流，觀念相通，心心相印。

思親、報國、勵志、篤行，肫肫之誠，爰坦陳於此。

中華民國六十九年五月二日
蔣經國謹記

中華民國六十四年一月元旦

向父親拜年，父親在睡眠中，病情頗重，兒心殊苦。

新年開始，瞻望前程，艱難重重，余必須冷靜堅毅以赴之。

一年過去，新年又來，在這一個大變化的時代，余歷經多少事故，多少苦痛；其中還有錯誤和失言之處，都無法消失於余之回憶中。悔恨無益，來者可追。至於今後對各方面之挑戰，我總以樂觀之態度接受之。在艱危的時日，必須把自己的心建築為堅強的堡壘。

去年行政中以經濟問題為最難處理，蓋其變化之因素非吾人所能掌握者也。

吾人一心一意為國，而敵人則以毀我禍國為快。余之生死從未計較，但國家則決不能失敗。

外交方面今年必將發生很大的衝擊，美國可能對共匪屈服，我們必須面對此一殘酷之現實，求國家之生存。

在經濟上，務使民間豐衣足食。以最大之努力，穩定物價。

二日

早晨從東閔兄家出發，乘車赴竹北之新埔，此為一小鎮，依山環水，經小橋，水清見底，頗似余之故鄉。經新埔菜市場時，見物豐民裕，民眾快快樂樂，一團和氣，慰甚。

至農友李姓家，知其子女皆受高等教育。至范姓家，彼有子女十人，其中六子皆為博士。時農忙已過，皆在冬休中。又訪一農家，雖房屋稍差，但室內有沙發椅，其

侄在工廠做工，工餘苦讀修身養性之書，令人感動。又一平民住宅，有兩樓之新屋，內裝有冷氣機，並有機車兩部，屋主為從事建築業者。途中遇一駕「鐵牛」車者，其妻兒皆在車上，余與之久談，得悉當地民情更深；其子八歲，面目清秀可愛。鄉間興建新屋者甚多。中午抵新竹榮民之家，榮民們見余至，至感親切。彼等皆遠離家鄉，今日皆能安貧樂道，難得。有一榮民告余曰：「院長！幾年不見，你頭髮白了！」聞之不勝感慨繫之。要知其中是多少辛酸、多少愁也！

此榮家築於山坡上，風甚大，不宜老年人之休養，擬另設法改進之。

過頭份，在路旁食攤上，吃了兩個粽子和一碗魚丸，價廉味美。一路上之見聞，多有人情味。

三日

調整政府中之部份人事，頗費苦心。要以賢能忠貞而負責者為其先決條件。

四日

我駐檀香山總領事，被美國警察侮辱，此乃我國家和個人之恥辱，憤極！

父親病情無好轉，惟神智甚清。每日探病至少三次，體溫不退，常呈不安，兒心傷痛，夜不成眠。

六日

年來遍行各地，看了不少人，其中對年老而有病之民

眾及榮民，印象最深，於心最不安，必須更努力為彼等
服務。

在國際事務方面，我們不斷被侮辱、被輕視，不過存在
與否，乃是我們自己奮鬥的事，應切記之。

受國際之侮辱已不知多少次，我非不知恥之人，惟不
願為了一時之氣，而害大事。蓋大丈夫有所待，亦有所
為也。

七日

今年在外交上，美匪關係將更為接近，甚至建立正式關
係。菲、泰可能相繼與我斷交。財經上，面臨生產萎
縮、物價波動以及如何做到預算收支平衡問題。外貿
上，發生逆差。社會上，可能有失業問題。軍事上，面
臨挑戰之考驗。還有可能是天災。總之，今年是大難
年，尤其是要嚴防共匪之暗算蠢動，故吾人必須堅定信
心，咬緊牙關，來對付此一大難之年。

九日

父親之病，仍無好轉跡象。想起前天晚上父親在病床上
以左手緊握兒之右手良久，語音甚低，兒心憂苦。

對美外交又遭一次挫折。每次受到外來之侮辱和打擊。
當思古訓「忍辱負重」之含意，不宜意氣用事。

十日

余時以美匪關係為念，自不得不做各種處理方案，得失
難以預料。但今後做法，應理直氣壯，勇往直前，才是

康莊大道。

十一日
父親病情經過一次嚴重的危機，反而有了起色，體溫開始下降。

富裕生腐化，久安失鬥志，為吾等為民服務者最忌之現象，余願從政者共勉之。

十二日
冬陽溫和如春，但我心又悶又寒。

探侍父親病。

每思越南及高棉戰爭，不知有多少人流離失所，多少人死傷枕藉。印度地區之地震，死於災難者亦眾矣！

十三日
美國大使來見，持美國總統覆函一件。

今日各國多有怕共匪者，可笑之至！惟我不憂不懼，堅持反共立場，吾人終將成功於不屈不撓之中。

十四日
坐於父親病床前，冬夜聽雨聲，不覺心痛難堪。

分別主持國防、財政兩部工作會報。

十六日
午餐後，沐浴午睡，忽夢養浩，同遊山水，至一魚塘，有一魚躍出水面，驚醒。夢中與養浩相逢，亦難

得之事。

十七日
分別主持教育、司法行政兩部工作會報。

傍晚，探父病，父親答以笑顏。

十八日
上午飛臺中，探老友司機陳聰明之病，並訪問附近攤販及民眾生活，人人皆有笑容，頗稱安樂。

經水里參觀臺大學生製造家具廠。

余對美國，始終採正常態度，但無所求。蓋「求來之雨不會大」。處此強權相爭之際，自量其力，埋頭苦幹，以國家生存為第一要務，其他皆為次要之事。共匪橫行，可必其不久。

在涵碧樓之陽臺上，西望遠山半天紅，湖水無波一面鏡，好一個晚景也。回房就寢，任窗大開，湖光山色全入眼界，惜電燈光參雜其間，破壞了大好風景。

十九日
七時半動身至八卦山、松柏嶺訪問菇農、茶農和民眾，深感人情味濃。下山後，慰問榮民。

二十三日
某日本政客及某西德政客，皆曾來過臺灣，余亦見過多次，當時彼等表明極為反共之立場，而今則居然訪匪。此類之人，無異於戲中之丑角，不值一笑。不過戲中如

果沒有丑角，往往會演不成功。惟共匪之笑臉攻勢，有時亦能勾引政客一面倒。匪又有拉美抑俄之趨勢，如一旦大戰來臨，我之戰略地位將更見舉足輕重矣。

二十四日

寒風冷雨中祭雲森之喪，此心甚悲。

共匪召開二中全會和四屆人代會，皆在秘密中進行，並無重要內容，對內還是以「批孔批林」，來消滅我文化及民族精神與生活方式。對外則推行笑臉外交，引人上，孤立我之生存。我應沉著應戰。余以為共匪之一舉一動，實暴露了牠盡頭末路的一種衝激而已。

二十五日

於傍晚飛抵恆春，見滿野都是綠油油的稻苗，生氣勃勃。車過南灣休息，村童在海濱戲水，好一幅美麗的圖畫，引我到海闊天空的境界。後又與熟識的漁民及其眷屬談話，彼此情意融洽。

抵墾丁旅舍時，看天際一片晚霞，海岸層層浪潮，表現出大自然的節奏。晚餐進小米粥，出外觀月，銀光柔鋪海面，上床後，靜聽無聲的萬籟，時有鳥鳴自風中送來，驚破靜界，另是一番風味。深夜再開窗探月，已被烏雲遮蓋，還是那浪花層層湧翻不息，引余安入夢鄉。

二十六日

視察恆春、滿州二鄉公所。遊覽屏東東岸，並訪問漁民。早餐後，至恆春市場訪問民眾，見物產豐富，出我

意料之外。再至滿州港口村下車，沿海步行，有岩石插聳海濱，海山相映，美不勝收。此地名佳洛水，雖步行五小時崎嶇石路，竟將疲倦完全忘卻。

佳洛水有瀑布，瀑布之前有大石，余以椰子水一盃，麵包一大塊，與縣長、鄉長及同行者於此邊吃邊談，心懷頗暢。瀑布由高山直下入太平洋，實為少見之景，余名之曰「山海瀑」。坐賞久之。苟能在此露宿一夜，該是何等景致，惜無此福消受耳。

在佳洛水途中，有一岩洞，海水進退此間，堪稱奇觀，余名之為「滿福洞」。歸途中見男女青年成群，其中有學生，亦有工人，大家談笑風生。

在恆春市場，受民眾之親切歡迎。有一賣雞蛋之婦女，遞我一枚蛋，說：「送給院長。」又有一購物之陸戰隊戰士，要我在他一本「論語」上簽名。還有一位啞青年，緊隨我身，先以手指天，再以大拇指指我，如此做了多次，且面帶笑容。

在海灘上還有一漁民，一定要把他捕到的龍蝦送我，並拒不收錢。走不遠復返，誰知他又以捕到較大之蝦相送。此種深厚人情，令人深為感動。

午後訪問港口一漁村，全村皆以茅草為屋，屋內之陳設，尚稱良好，余頗異之。村人告余曰，此村之地權，皆非私產，故不能築成永久性之房屋。此情形已有半個世紀，有關機關亦無法收回。這可謂是十足的官樣文章在作祟。此問題似不應當不得解決者。

到滿州鄉巡視，見穀倉已滿。又與民眾談話，並同在一麵店吃土菜，價廉物美，一團和氣。

二月一日

經過雲林、北港、四湖、飛沙、三條崙等處。午飛抵嘉義，先至北港參觀媽祖古廟及民間做花燈之情形。在此為民眾所包圍歡迎，彼此賀年。由此乘車至四湖參觀新成立之濱海衛生保健服務中心。此時民眾相迎更多。再向海邊出發，先至飛沙村，此地為窮苦之區。訪問居民，中有退伍軍人余亮清，四川人，養豬為業，彼此一見如故。見街頭民眾甚為融洽，甚慰。

由飛沙村步行至三條崙海濱，參觀魚市場，設備頗佳。此地漁民與我談話，至為親切，雖無向我訴苦者，但我了解他們作業非常辛勞。

從三條崙參觀海神宮，祀奉包青天，香火旺盛，在此遇見臺大學生服務隊。

路經口湖鄉時，林縣長告余此為全省最貧窮之鄉，但仍有許多新房屋在建築中。可見農民生活正在改善。

余訪問退伍士兵余亮清之家，門上有自己撰寫的一付對聯：「解戰袍，著便服，結網與海相伴；座東方，看西方，指望光復神州。」讀此對聯後，此心深為感動，數讀之，此乃血淚之語，可知一般民心及士氣矣。

車行嘉義與雲林海濱之間，田中綠秧，一望無際，美麗如畫，令人胸襟寬敞。

四日

今日立春，亦是農民節，余往高雄澄清湖參加農民代表大會講話、遊園並與農友們攝影，毫無拘束。

回高雄參觀花市，觀者甚多，可見一般民間生活之

安寧。

晚間以便餐款待沙烏地阿拉伯參謀總長，以誠意酬答患難中友邦對我之協助。

五日

檢閱 F5A、F5E 飛機起飛情形。

參觀元寶牌肥料廠、養豬場，遊秋茂園。

七日

檢討下年度之總預算。

父親病情穩定、好轉。

訪問花蓮、臺東兩縣，巡視北迴鐵路南端工程。七月間可由花蓮港通車至新城，進度甚速。慰問工程人員，訪問平地山胞。

花蓮市熱鬧非凡，年貨豐盛，民有笑容。由花蓮乘火車至光復鄉視察糖廠。

訪黃縣長家，問候其九十一歲之老父。又巡視鄉公所，為余所見之鄉公所中最整潔者。

在光復車站和民眾閒談，彼此賀年，甚樂。上車後，在車中進簡單之午餐，中午即抵玉里，此處為余於輔導會任內籌建精神病醫院時常來之地。今日特慰問榮民醫院患者。

乘車至大禹小村鄔姓農友家。在小村裡可了解農村實況及農村對政府施政之態度。自問年來對民眾還是做的不夠。

到富源村巡視新建之堤防。此乃為民興利之舉。訪鄉長

之家後，即赴車站。在車中觀窗外兩旁之山水、耕作中之農民和來往之路人，使余頗有深思。

在初鹿下車，參觀牧牛場。綠草鋪滿山坡，視界寬闊，髣髴身在仙境！有農民手採美麗的野花，送給我作為年禮。

初鹿牧場，環境幽靜，人情純樸。余生性愛「人」，亦愛自然，余久留而不忍去。路經殘廢醫院，為外國教會所辦，和一位美國人略談。

再訪問馬蘭榮家，天色已晚，惟老年榮民歡迎之熱忱，至於心酸淚下，余不知何以報之。

歲終天寒，在赴機場途中，心情沉重。上機後飛臺北。想來年大難，余將如何衝破之。此次東行，見人不少，心得亦多，誠所謂「百聞不如一見」也。

十日

今日為農曆除夕，愧對雙親養育之恩，至今無以為報。罪甚！罪甚！

父親臥病以來，多次均能轉危為安，此乃天意，佑我邦家。惟望兔年開始復元，是兒之大願也。

傍晚赴臺北火車站訪往來旅客，並慰交通人員和維持秩序之憲警。夜遊龍山寺，與民眾賀年。大家一團和氣，熱鬧非凡，是難得之欣慰。

十一日

為農曆乙卯年元旦。天未明即起，祈禱默念，心中有不少愧疚之事都湧上心頭。

吾人來臺已二十六年矣。昔日兒童已長成少壯，少壯者
且已垂老。回憶往事多難，今日負荷至重。余頭上白髮
徒增，而艱苦更多。惟望余之思想與作風不要落伍。大
敵之前不退卻、不畏懼，與民眾苦難同當。士有鬥志，
民有幹勁，保我基地，光我河山，此志既立，勇往直
前，成功定操於吾人之手。

向父親拜年後，即赴機場飛金門。在機中核閱向立法院
之施政報告口頭報告稿。

抵金門後，中午與官兵餐聚，飯後遊覽榮湖，參觀牧馬
侯祠。舊地重遊，深懷伯玉。在金門街上向大眾賀年，
情緒熱烈。在運動場參觀新年遊藝會，學生冒雨表演，
衣著似乎單薄，余則安坐有屋頂之司令臺上，於心不
安。幸不久雨即停止。

當晚至浯江招待所，與自臺來金過年之軍官眷屬和子女
們見面。余欣見青年子弟，皆學有成就。

夜宿石室，溫暖適度，一夜安眠。

十二日

早起有細雨，是過年天氣。冒雨至廚房向廚師賀年，表
示謝意。

約金門軍官共進早餐，並聽取簡報。

餐後即乘機飛馬公。先至林頭公園向陣亡將士致敬。在
此遇見不少青年，待我非常親切。

視察新落成之成功湖。此水源為供應本地自來水之用。
又慰問海軍軍區司令部及澎湖縣政府。中午至鎮上訪問
民眾，並向他們賀年。見民眾安樂，皆有笑容。

與澎湖區之三軍主管和縣長聚餐，希望大家更加努力。
餐後巡視馬公監獄，此地環境整潔，受刑人之健康亦良
好，余與受刑者一一握手賀年。其中有一人緊握我手不
放，亦有涕泣者。犯罪問題實為一大社會問題。再訪問
救濟院中之老人和精神病者，然後飛返臺北。

十四日

余住舍後有茶花一株，色鮮紅，隱藏於他樹之中。再看
山坡上之杜鵑花，亦在怒放，無奈此時何時，那裡有閑
情賞花。
每感人才之難得，此事必須於平時作有計畫的培養。天
下事對有信心、有目標，而又肯努力的人而言，事業永
遠不會太遲的。

十六日

晨起身，比平時遲一個半小時。自己應予警惕。

十七日

有人專門從事於挑撥是非，對此輩小人唯有置之不理，
這亦正是磨練我修養工夫。
接章女來信說：「最近這裡天天下雨，雖然切望著陽光
的出現，但大地又多麼需要著這些雨水的洗滌與滋養。
在人的生活中，不亦正是如此嗎？生命的滋長並不靠美
滿的現實。」誠哉斯言。

十九日

春節前氣候炎熱如夏，使余擔心中南部的幼苗可能發生
蟲患；而現在則又奇寒，早晚尤甚，恐受霜害。余不能
為之釋懷。數月後又是颱風季節，奈何？余明知憂慮無
補於事，但內心終有此種感覺。

二十五日

是元宵節，夜間右臂發痛，未能成眠。望窗外月光，靜
寂無聲，有不安之感。父親之病，尚無起色，聲音漸
微，兒心甚憂，頗想辭職，回家侍父。

二十七日

晨聞雞鳴，令人有清醒之感。時天尚未明，推窗外觀，
見星星燈光，此時黑夜即將過去，又是新的一天來臨。
不論環境之轉變如何，我對復國之信心從未動搖，並將
永遠向此目標前進，決不計個人之生死成敗。此心已
定，無所懼矣。今日擔心之事，莫有過於父親之健康問
題，極願以兒身代之。深望父親之病得以好轉，是兒心
朝夕所祈禱者也。

三月一日

今年上半年，可能是較為平穩的期間，應多作準備工
作，以備今後工作之開展。今後應抽出較多之時間，來
請教元老及學者。
美國總統福特向美國國會提出警告，高棉如無額外軍
援，勢必在數週內淪陷，並引用中國大陸失陷作為殷

鑑。時隔二十五年，居然還有一個美國總統想起我大陸
陷匪之悲慘局面，以及美國對此應負之責，此實難能可
貴。福特之要求惜為時已晚。最奇怪者是季辛吉竟亦在
記者招待會上要求援高、援越，並云高棉軍將於數週
之內投降。弱小國家易於被出賣，吾人不可不切實警
惕之。

國內外之政客，乃是危害人類之禍首。中外古今莫不如
是，自私自利，興風作浪，為了達到其個人的目的而不
擇手段。吾人從事於正大光明和廉能的政治，使人人都
能參予，大家願意與政府合作，則政治自可安定矣。吾
人對國家之奉獻是一片忠心，對國民之奉獻是一番誠
意，復何憂何懼。

二日

獨自赴桃園縣政府，約吳縣長赴八德鄉參觀皮衣工廠，
為一現代化之企業，尤其對於工人福利辦得很好。冒細
雨經中壢至觀音，路旁田地已開始春耕，且新的工廠林
立，一片繁榮氣象。到達觀音廟時，適逢廟會，群眾雲
集，皆以親切和熱烈的笑容迎我，此心甚感。偶然的參
加了一家鄉民的婚禮。巡視永安漁港並在附近午餐。

七日

赴馬祖列島，一夜浪大不能成眠，天未明即起，上指揮
臺。海上狂風細雨，白浪滔天，一舟航行，感觸甚多。
在東引登岸聽取簡報、視察部隊、訪問民眾。此地一如
舊觀，惟士兵體力較前精壯，工事較前堅固，民眾生活

較前富裕。

巡視天王沃，兩邊有高石嚴立，相隔成一線天，海水隨浪衝入，其濤聲有如音樂之拍奏，是聽濤聲必來之處，余心嚮往之。

東引為最落後之小島，二十餘年前來此無一識字者，而今設有小學與中學，且有三名畢業於臺北大專學校者。其中兩位林姓者畢業後即返東引任教；其另一位畢業於藝專，現為電視公司寫劇本。從此一小島之小故事，可顯示我中華民國之進步矣。

午前登艦赴馬祖，看艦上官兵操作。

二小時半之航行，抵達馬祖沃，換小艇上岸，訪問村民、國民中學以及媽祖廟。

下午視察士官及軍官之訓練，又巡視山隴市場，貨物豐富，村民衣著亦好。

八日

上午因風大未能赴離島為憾。隨約駐馬祖之三軍軍官早餐，以革命精神思想可以勝敵告之。餐後參觀酒廠，慰問病患。訪問號稱馬祖「小上海」之福沃商民漁民。又視察砲兵陣地和心戰單位，下午一時許離馬祖返臺北。在船中回憶兩天馬祖的視察，官兵非常辛苦。以裝備及武器而言，目前可稱最強，但比武器更重要者是意志。

九日

本月內將召開經濟會議，經濟的基本政策在加強國家力量，改善國民生活，不為少數人利益著想而在為大眾利

益打算，要作長期的計劃。雖然不免受國際經濟之影響，但要以本身的克難發展，自力更生來擺脫對外之依賴。為國產品找出路，為農業更求現代化，並善用資源、人力和資金，建立民生的經濟新型態。此皆建國之根本也。

十一日

分別主持三軍總部工作會報，要求高級將領須時時備戰，以應付東南亞之危機，以及匪俄之爭霸。金馬臺澎地區隨時可能由敵人發動戰爭，而此一戰爭將決定國族之存亡。我們目前所佔的土地面積雖小，但事在人為，只要民心士氣高昂，領導者有決心、有信心，必能勝敵。

十五日

今日為我夫妻結婚四十週年紀念日。回憶四十年前彼此相識，共同工作於工廠，由彼此相愛，在極為困苦的生活情況之下結為夫妻，居一小間內只能容一床一桌，每為臭蟲所擾，夜夜不得安眠。一月難得配給肥皂一塊，一週難得有一小塊牛肉吃，我夫妻皆自食其力。雖苦難而值得回憶。

這四十年之中，余備嘗人間之諷刺、侮辱與打擊。唉！往者已矣，來者多難，是可預料者也。余將堅忍以承擔之。

今年的國家處境將比任何時期艱險，在外交方面將更為孤立，經濟方面以控制物價為最難，軍事方面亦將面臨

嚴重之挑戰。

飛嘉義巡視榮民農場，轉赴曾文水庫，又往視察正在興建中之高速公路南段工程。南部之水稻，一片青色，只求上蒼保我農民得到豐收，余願足矣。

二十三日

旬日來每晚在電視下看到越棉戰場上傷亡和難民的悲慘，此實和解代替對抗所造之孽。令人想起二三十餘年前在大陸上日本侵略和共匪叛亂時的種種情況。共黨乃是一切禍亂之根源，亦是人類有史以來最大、最兇狠的劊子手，吾人必須本清明之理智，認識自己之力量與責任，本著堅忍之信心，繼續奮鬥，方能有成。

二十五日

「一年之勞，為數十年之利；十年之勞，為數百年之利者，君子為之。」此古人之言，正合我意。今日吾人從事於未來五年中的十項國家建設，即基於以上之構想和理論者。又云：「三時不害而民和年豐……不奪民時，不妨民力，則百姓富。」這是古人告訴從政者，應當如何照顧民眾的生活。總之，政治應以國利民福為依歸。

二十六日

父親之病於今晚八時惡化，經三小時治療後好轉。余宿於病房中。日來余心不定，夜間多夢，不能專心處理要公，煩慮已甚。

二十七日

越南的順化棄守，峴港孤立，十省相繼淪陷，越共不久將攻西貢，美國反而責難阮文紹政府。金邊危在旦夕，在砲火連天之下，高棉政客還在內爭不息，並要求龍諾下野。泰國內爭不息，共軍進入泰北，而泰國新政府聲明，要與共匪建交。

三十一日

越、棉兩地區戰情惡化。

處理外交問題。

共匪廣播「釋放戰犯」，又邀臺灣運動員赴大陸參加運動會：並在美國宣傳不流血解決臺灣問題。此種宣傳足見共匪正在對我軍民加強心戰。但根據過去教訓，共匪如說不流血，就是準備流血。吾人必須健全我民心與士氣，是決定勝利之要素。

四月二日

越南峴港失守，電視上看到難民逃亡，慘不忍睹，而同日臺北報紙還在談賽狗、老翁和交際花結婚等事，似乎東南亞戰爭與我無關，如何不令人寒心。苟一旦戰火臨頭，將不堪設想矣。余對此類情況，從現在開始應即作積極之準備。

五日

父親於夜十一時五十分，病逝於士林官邸。兒痛不欲生。

憶晨向父親請安之時，父親已起身坐於輪椅，見兒至，
父親面帶笑容，兒心甚安。因兒已久未見父親笑容矣。
父親並問及清明節以及張伯苓先生百歲誕辰之事。當兒
辭退時，父囑曰：「你應好好多休息。」兒聆此言心中
忽然有說不出的感觸。誰知這就是對兒之最後叮嚀。余
竟日有不安之感。傍晚再探父病情形，似無變化，惟覺
得煩躁。六時許，稍事休息，八時半三探父病，時已開
始惡化，在睡眠中心臟微弱，開始停止呼吸，經數小時
之急救無效。

父親深夜逝世後，遺容安詳，如在熟睡中。當時即告知
嚴副總統、四院院長及其他要員和家人來士林官邸瞻仰
遺容，極盡悲哀，余頭昏不支倒地跪哭。當孝儀要我在
遺囑上簽名時，余手發抖寫不成書。向長輩答禮時亦不
記來者何人。

六日

晨二時許，隨侍母親移父靈至榮民總醫院，並在該院太
平間設一靈堂。

當父親移進靈堂大門之時，雷聲大作，繼而傾盆大雨，
真是天地同泣。祭畢後回家，時東方已白。稍眠即起，
身感不適，體溫高至三十八點八度，赴榮民總醫院瞻仰
父親遺體。

靈堂為余親自佈置，心悲意傷。

余以從政黨員身份向中常會辭行政院長職，以表心意。
中常會決定挽留。余以國難當頭有待奉獻，以完成父親
之遺訓和遺志，決定照中常會之決議，繼續留任。此即

以孤臣孽子之心，以報黨國。下午體溫仍高。

七日

處理治喪有關事宜後，陪奉母親至靈堂拜祭。下午體溫
未退。

八日

又到榮民總醫院瞻仰父親遺容，並長跪拜祭。赴桃園慈
湖察看父親厝柩之地。

九日

到榮民總醫院為父親著衣，此乃最後一次為兒能為父親
所做身邊之事。照鄉例穿七條褲子、七件內衣，包括長
袍馬褂。遺體貼身包紮絲綿、黑襪、黑皮鞋，佩勳章，
並以平時父親喜讀之書：三民主義、聖經、荒漠甘泉和
唐詩四部書，置於靈櫬之中。另有氈帽、小帽各一頂，
手套一付、手帕一方、手杖一支。此皆父親平日常用之
物也。

殮後，父親之遺體慈祥莊嚴，可以代表父親一生之
為人。

十一時，全家大小跪祭。政府治喪會公祭後，即開始移
靈。靈車自榮總經天母、士林、圓山、中山北路、仁愛
路，至國父紀念館。沿路擠滿了人群，流淚哀號，跪拜
道旁。民眾出於至誠，令人感動，父親逝世後受到人民
如此之真誠敬仰，亦足為父親而榮。

十一時三十分安靈於國父紀念館講臺之中央。此處佈置

得非常肅穆。

夜宿國父紀念館。

十日

八時再赴桃園慈湖察看父親厝柩之地。

上午七時開始，讓民眾瞻仰父親之遺容，人如海潮。今日即有二十八萬人進堂瞻仰，有來自遠地者，有一家老小全至者，表情之真切，至為珍貴。吾父受民眾如此之敬仰愛戴，天下無儔。

十一日

晨五時行祭禮。

時近黃昏，日將西沉，余一人獨坐於父親生前的臥室與書房中，沉思追念。憶二十五年來，我父子在此書房中不知商討了多少國事與家務，亦恭聆了多少教誨和指示。父親之一言一行無不深刻於我腦中。嚴正和慈祥乃是父親出於內心之通常表情。愛總理、恨共產，乃是父親五十餘年來始終如一的政治思想。

憶父親每自榮民總醫院回士林後，多次重病復發，皆能渡過難關，到最後終於不起。父親自得病以來，母親與我幾日夜服侍在側，父親病中所受的苦痛，實不堪設想。但是在治療過程中，卻充分看出父親高度的耐心、堅強的意志、冷靜的態度，以及與醫生合作的精神，實非常人之所能。

十二日

自從父親病逝以來，國人不分省籍、政派、職業，男女
老幼，莫不悲痛哀悼。相信中外古今，任何國家元首，
無有如吾父之受人民愛戴者。嚎啕大哭之聲說出了我們
需要領袖之聲。國外輿論過去的一切譭謗、侮辱、誤
解，亦皆一掃而空。吾父所遺憾者，乃未能完成滅共還
鄉之志。父親死不瞑目者，亦在此也。為兒者今後所欲
追求者，乃完成父親之遺志耳。父親逝世之後，共匪、
政客、帝國主義者等等必更將以吾人為打擊之對象，我
將毅然接受挑戰，雖千萬人吾往矣。

四時向父靈行禮後，外出至廣場，向排隊候入靈堂瞻仰
父親遺容之數萬群眾道謝。他們都是漏夜等候謁靈之
人。余感動淚下。

十四日

子夜獨自跪於父靈之前，哀思沉念。

清晨親自向群眾致謝意。

公佈父親在病中親書「以國家興亡為己任、置個人死生
於度外」十六個字。父親寫此字之時，腕力已弱，可看
出右手發抖之情形。惟此十六字足以表明父親之革命意
志和清白之志節。父親以此最後之墨寶付兒保管，自亦
在勉兒置個人死生於度外，感父親教忠教孝之深意矣。
父親一生清白，且意志堅強如鐵。一心為民，一意為
國。乃是一代之偉人，一代之聖人。從此吾不復親受庭
訓矣。今後竟成為孤臣孽子矣。

從此為了完成父親之遺志，更應小心、謹慎、謙虛。

父親常以小心翼翼、不與人爭相訓勉。

十六日

晨八時五分，父親遺體舉行大殮出殯。中午奉厝慈湖之
正廳。安厝後，余因悲痛而昏倒，經急救後昏睡，至傍
晚始蘇。當晚到正廳看父親之靈，整潔、樸素、肅靜。
如此環境，乃父親所最喜愛者。

十七日

余發表談話如下：「先君崩逝，野祭巷哭，敬禮致哀，
悲慟之深情與虔誠之厚意，令人萬分感動。經國遽遭大
故，哀慟逾恆，無法踵謝。惟有奉行遺命，鞠躬盡瘁，
以報答我全國同胞之至誠與厚意。」

十九日

父親逝世至今已十四日矣，亦家鄉所謂「二七」。過去
兩週內，如在夢中，悲痛二字實不足以形容余內心之感
受。出殯之日，全程六十二公里，道旁人山人海，送父
之喪。沿路跪拜哭泣哀號，不但令人感動萬分，而且在
歷史上亦從來未有對元首之喪如此哀戚者。我父在天之
靈可以安慰矣。今後必須加倍工作，以報國民之期望並
以此慰我父親在天之靈。
父親嚴而又慈，愛兒教兒無微不至；尤以撤離大陸之
時，父子共冒危險，出生入死，同受譭謗和攻擊，始終
貫徹反共救國之意志。父親對兒作之君、作之師。今日
革命在將成未成之際，父親竟棄兒而去。我父子同離故

鄉，而今父親已不在人世矣。嗚呼哀哉。父親去世至今已十有六日，但余實不能相信，父親竟離兒永別。今留宿慈湖，每至夜半，必起身徘徊於父靈左右。又獨坐庭中，夜深人靜，悲苦中來。半月當空，回憶往事，多少心酸。不孝之罪大矣。

二十二日

父親去世之後，在東南亞發生了兩大悲劇；高棉被北越和棉共佔領，龍諾政府被消滅；五年戰爭如此結束，阮文紹被逼辭職，整個越南赤化在即。今後吾人一切都要求諸於己，即應備戰迎戰，只要能掌握民心士氣，終必獲勝。

二十三日

此時此地天奪我父，以後有苦向誰訴，有事向誰說。惟有自勉自勵、爭氣奮鬥，別無他途。身上之擔又不知加重了多少。
夜夢群蛇襲我，前又有鐵絲網擋路，此夢象徵目前之處境。祈父佑兒衝破此危境，使我得以前進。
父親一生慈悲為懷，故日前約見任遠，商討實施全國性之減刑。此乃推行仁政之道也。

二十四日

世界已起大變亂，吾人遵照父親之遺訓，善用機運，正是轉敗為勝之時。東南亞之赤化已成悲劇，吾人堅定信心，勇於犧牲，定可扭轉危機。此忠此勇，或可以告慰

我父在天之靈乎。

二十六日

慈湖雖寧靜和平，但余守靈此間，心情憂傷、寂寞而空虛。每於子夜必起身披衣靈側，靜坐沉思，明月當空，深感冷落。回憶往事，愧對父母之處多矣。今後對黨國應有所效命，以慰父靈，余將全力以赴，不惜健康與生命。父親大公無私，正大光明之遺志，終必有完成之一日。

宅旁有小池，魚游其中，乃父親生前最喜愛之處。余每於黃昏時，獨坐水邊，覽景生情，悲從中來。

二十七日

身在慈湖守靈，而心則縈迴於家鄉之慈菴，念祖母之墓廬。自父親逝世以來，無時不感失去生命與生存之依靠。父得病以來，是父親生平最痛苦之時期。父親一生一無私念，一生為國，一切為公。為兒者應以此而自傲。身有如此偉大之父親，今後更應爭氣，不負吾父一生之期望。

二十八日

在慈湖每至黃昏必有孤雁一隻，長鳴而過，其聲甚哀，使余在守靈之日，聞之益為悲痛。

夜間有螢火飛於池旁，間聞魚躍之聲，正是吾父喜愛之情景。吾父一生唯一之享受即是大自然風光。

二十九日

為余之生辰。

昨夜整夜未眠。天未明即向父靈行禮，深懷父母養育之恩。年年皆如此也。

慈湖位於福安里，吉名也。東去一里許，有洞曰八結洞，後改名曰「百吉隧道」，亦吉名也。

吾父逝世，對國對民，已有所交代。苦為兒者，何德何能，乃須擔負繼起之重責，今日有功之黨國元老，在臺者甚多，經國何敢擔當此任，望我父在天之靈助兒從事於艱苦的革命工作。

生辰之日，思親益切。余已六十五歲矣。自問不孝之罪大矣。余之有此生此身，乃父母心血所賜也。將如何以報雙親之恩德於萬一耶。往者已矣，望來者之可追。

能自不迷惑，何人能惑之；自不驚嚇，何人能嚇之。無私無我，方寸不亂，天下可定。成敗生死不計，則天下尚有何事可畏。余對黨國所能奉獻者，乃一己之生命耳。此為余守靈期中千慮之一得，未來之日乃余報國報親之歲月也。

五月一日

吾父乃古今完人，一生問心無愧。余身為蔣氏之後，父親遺訓中有教兒從政必須仁愛誠實，信仰主義，把握原則，要能忍辱負重，能屈能伸。兒刻記於心並實踐之。余當重謙讓，不僥倖不自傲。個人之成敗不足計，國家興亡之責不旁貸。自問反共必勝之信心益堅，此稍堪告慰於父親在天之靈者也。

四日

上角板山，先至梅臺，後至老屋，或徘徊，或靜坐，想
起往年隨侍之情形。觸景生情悲甚。

訪李家農舍。

五日

今日是父親逝世一月，家人於下午五時恭祭父靈。

六日

開始工作了，前途艱險，是意料中之事，要以死裡求生
的精神，來為國盡忠，為黨犧牲，為民服務。以此自勉
勉人。在忙碌中可稍忘心中之苦痛，只有奮發圖強，才
能報答父親於萬一。

共產黨徒不但是殺人的魔鬼，尤其它使用威脅、利誘、
欺騙、收買的手段，無所不用其極。而血氣方剛的青
年及苟且偷生之徒最易上當。不過，邪魔一定是要滅
亡的。

電話詢問屏東柯縣長，得知第一期稻穀已開始收割，可
期豐收。余誠心誠意祈求上蒼，免吾民天災。

九日

處理南沙群島問題。

日來研究許多問題，認為領導不是權利和享受，而是責
任和犧牲，願吾黨同志勵行之。今日黨之處境與總理
八十年前建黨時大有分別。但以環境之險惡而論，今日
與前者多同。而今日之敵，陰險惡毒，尤遠勝於滿清和

帝國主義，此時此地欲救國族於危亡，非發揮高度的革命精神不可。

十日

一週來工作並不比平時多，但每天感到疲倦，蓋常念父親在天之靈，於心不安，坐立不定，故睡眠不好，情緒亦不定。

十一日

守靈一月後返臺北，心情體力均感不適，夜間多夢。

十三日

約集黨務負責人員談話，先聽取工作簡報，以為觀念上應有所改革。要樹立起嚴肅的政治立場，從事於嚴正的工作態度。並確認從事黨務工作，乃是一種奉獻。

十七日

父親逝世至今已一月有十二日矣，悲哀之情反有增無減。

十八日

今日為父親逝世後之「六七」，余住慈湖，夜不成眠，起坐於庭中月下沉思。

二十二日

父親之逝世，影響國家地位甚大。父親之德望，是無人

能代替的。現在「臺獨」份子受到共匪之鼓勵和支持，在美國及其他國外地區活動，日趨狂妄，我宜慎防之。今日世界是非不明、黑白不分的混亂局勢，國家處此極危難之局面，父親不再見聞其事，不能不說是福氣。余只有以冷靜之態度，慎思之，分析之，決定之。

二十四日

父親逝世已過「七七」，悲痛之心，日益加深。父親不起，竟成事實。天耶？數耶？

無論怎樣想，總是難忘父喪之痛，每夜都想能在夢中會見父親，夜夜夢多，獨不見慈顏。有時傍晚靜坐在父親士林寢室，西望雲天；是我家鄉之方向，切望父靈能已回到家園與先人同在。

二十五日

父親逝世後，共匪、國際政客及反革命份子，開始以最惡毒和最卑鄙之手段打擊我。此原在意料之中。吾人必須在不失總目標之前題下，逆來順受，能屈能伸，奮鬥下去，把握原則，而不在乎成敗。在目的之獲得，而不在於一時之得失。

「臺獨」在某些惡勢力之支持下，在美舉行示威遊行。余決定指示使館不可動怒，以免反上敵人之當。

二十六日

飛金門視察防務，並慰問官兵。

二十七日

金門明廬外有白菊兩株盛開,為前所未見。今日所見之白蝴蝶與白菊花,似告我同抱丁憂之暗示。

入晚,雨過天青,在楓樹下靜坐觀海。清風徐來,頗感寒意,遂入室就寢。睡至子夜,見窗外月色銀光,披衣外出,移坐室前。是時萬籟無聲,間有白雲遮月,此身似在世外。此情此景,不得常有,使人流連。

二十八日

明廬中懸有余所贈之「白雲思親」圖,有人題句云:「登太行山望白雲一片,愴然曰,吾親舍即在其下。」從太武山北望雲天,讀此句,有所感矣。

晨起觀日出,想起當年父子同觀日出於此,則無意欣賞日出之美矣。

巡視山外市場,與民眾相處,甚慰。公祭太武山公墓後,即飛臺中。

巡視臺中港之建設。此移山倒海之大工程,進度甚速。目前內政、經濟皆漸上軌道,惟外交上遭受極大困難;尤以菲、泰兩國,驚惶失措,想向共魔投誠,時在念中。

六月

有人來信警惕說:「屯兵不用,躓躓多日」,此乃一警語。又云:「外交無真友,勢與利耳」,此乃真實之言。繼曰:「一政權者腐人於不知不覺」此名言也,吾人實應三思。總之,未能光復大陸,休想安心。

西哲有云：「無斥責之自思，即無真誠之讚美」，吾人應多一求箴言，少享權利。蓋權利分之於眾，則得人心。合乎民主之原則，更能委權利於才能，則人人勤奮。

至於人才問題，當以無私無我為先，目前局勢緊急，我們要做到存而不亡，成而不敗，只要自己心地光明，對於未來各方面之詆謗和打擊，以置之不理為宜，如此亦可寬心而從公矣。共匪對我們加強威脅利誘，外來之壓力，亦有增無已。我們只要內部團結，則定操勝券。

十四日

巡視三地門，印象至深，三年前就行政院長職務不久，曾到此地視察，此次所看到的乃是進步的新氣象。

有一山地小孩，不到半小時，自編白色鮮花來送給我，異哉。及進入龍泉醫院時，有一值日老兵見我，一時不知所措，湧出熱淚雙行。在病房中有一老兵很激動的說：「我年老但還能背鎗，還要過二十個端午節，一定要看到反攻大陸。」

在東勢訪問羅家農友，新屋方落成，男女老少一家人一定要送給我蓮霧二簍，且堅持不肯收錢。又在路旁，與一騎機車之農民閒談後，一定要送我放在車後之「飯瓜」四枚。其情至切，真是受之有愧，卻之又傷其厚意，所以收下兩枚。路旁人皆向我歡笑握手，親切可感，如何能忘。

傍晚的農村益感安寧而又有極大的樂處。

十五日

到達成功大學時被學生包圍簽名，握手問好，臨上車時又有無數青年擁上來握手，此一情形，給我很大的鼓勵。到「億載金城」時，訪一貧苦漁家，但其家中有電視機和電冰箱，戶主待我之親切，使我感受至深。又在「蛤蜊棚」中，和女工與漁民談話後，了解了他們的生活，他們一定要送我一袋蛤蜊。當離去時有一老漁民又送我蛤蜊，其情至為誠懇。自其表情和動作上，可以了解誠懇二字之真意。余受此誠懇之情意，決心為民犧牲之意益增矣。

至新安平港視察北堤工程，在此和瑞峯營造廠工人歡談，時已過午，借問他們何處可進便餐，他們願以自用運石之大卡車，送到附近漁村進食，余喜允之。隨由黃朝宗君駕駛舊卡車到鯤湖餐廳，在海岸一家用竹搭起來的小館中吃海鮮和炒麵，並以漁民所贈的蛤蜊佐餐，味鮮可口，實非平時所能吃到的。此為父喪後第一次南行。回程則乘一計程車，由一女司機駕駛回碼頭，如此經驗還是第一次。再到運河看龍舟競賽，由此可看到人民生活之安定矣。上碼頭時又被人群包圍歡呼，余深為感動，含淚上車。以上經歷，益使余自勉，必加倍努力，以報國民。

中午乘快艇自新安平返臺南時，見運河兩岸許多市民坐在竹筏上垂釣，在如此亂世，我們的國民，能有如此悠閒之生活，真是難得。這些垂釣者見我都鼓掌致意，我亦起立一一還禮。其中有一釣者見我，方欲起立，但彼過於緊張，不慎落水，總算很快就爬上了竹筏，余始

放心，但是釣具恐有損失，令人頗懷歉意，惜不知其姓
字耳。

十八日

菲律賓外交政策，從反共而親共，對我不無影響。只有
以我們的意志和精神可排除之。今所可憂者，並非外來
之沖擊，而是內在的問題，廿五年無重大戰事，警覺不
足，生活優裕，萎靡苟安者多矣。

吾人今日所居之地位，如以天時、地利、人和而言。天
時非吾人所能控制者，地利則金馬為我屏障，臺澎居太
平洋之戰略要點，人和則我上下一致，一心一德。而大
陸則人各一心，四分五裂，我定操勝算。但凡人多貪私
利而缺犧牲小我之大義，所謂事在人為者，乃是在於領
導之是否得法，即是否能得民心，而為國所用。

十九日

吾人在臺，社會進步繁榮，其副作用乃形成一種苟安而
腐敗的生活，這是我們最可怕的現象，因此務必從加強
心理建設和改革生活做起，吾人能不謹慎、小心、勤
奮、努力乎。

父親逝世以來，身負重責，日夜不安，惟有群策群力，
方能負此重擔，步步向前行，不宜過於緊張而自誤，一
切應求至中至正，庶幾有成。

在臺灣的一千六百萬的中國人，不想作為共產的奴役，
應當認識唯有與政府精誠團結，共同奮鬥，才能保障生
命財產和自由。

吾人今日處此逆境，最好不要問別人將如何待我，不如問自己對於國家能做什麼貢獻。求人不如求己。月之十日接見一甫返任之大使，談了半天還是過去的老調，雖然有外交關係等於沒有，所謂外交乃是一種趨勢和利害而已。不可不重視，亦不必過於重視，但是一般人可能不如此想，實為依賴外人之心過重也。

廿七日

繼菲律濱之後，泰國即將承認共匪，此種打擊，並非來自菲、泰而實來自共匪，明知外交只有利害而無道義，我們今後外交仍應不輕言與任何人斷交，相交的，必將設法維持既有之外交關係，且重視國際正義，但亦決不因別國外交政策之改變，而改變我們的基本政策。

飛臺中視察，中午以便當招待全省行政人員，餐後訪問新民村蔗農並慰問農場榮民，這些背井離鄉之弟兄，令人關懷、不安，依依惜別後，往訪舊日在延平相識之錢家祖孫，他們以自己園中所植之荔枝相贈，鄉民情厚為感。

再到鳳凰村，此乃第三次歷遊此地，訪舊友交談，又共飲茶於山野，難得有此一刻也。

傍晚遊覽鹿谷竹豐鄉，此為余初次來遊，其地為山中之一大平地，車行竹林之中，清溪秀竹，令人留連忘返，噫，我又有何福得久留於此清靜之處耶。

回溪頭已是傍晚，仍投宿於小木屋中，窗外樹木已長高了很多，遮蔽了遠山。晚餐後雷雨齊至，靜聽雨打竹葉之聲，又看屋簷流下之水，串成簾狀，入夜聞杜鵑哀

鳴，添我鄉愁，並令人懷念慈湖，久未成眠，入睡時已子夜矣。

翌晨觀賞孔雀和黑白猿，下午參觀竹山德山寺，經南投訪劉縣長，再轉臺中，乘莒光號火車北返，鐵路兩旁一片繁榮光景。

七月四日及五日

父親十三歲時，姚宗元先生告我舅公曰：「汝甥悟力非常，若教養得法，前程豈可限量。」當父親十四歲離家時，祖母訓之曰：「出門人應隨處謹慎小心，時時提防不測，先避兇險，慢言吉利。」父親常以此示我，故余對此印象深刻。父親十六歲就讀鳳麓學堂時，同學百餘人以父親體力強建，精神煥發，滿面紅光，目注如電，故皆稱之「紅面將軍」，而不呼父名。以上數段簡摘於父親事略中，內容至有意義，故在此再錄之。

父親廿四歲時卒業於振武學校，訓練嚴格，生活艱苦，在天氣嚴寒，雪深丈餘時，早操刷馬，夕歸刮靴，苦也一如新兵。父嘗奮然曰：「將來戰場生活其苦楚當不止如今日而已，是屬尋常，有何難耐哉。」故咬定牙根，事事爭先，不覺其苦，而日本兵營，階級之嚴，待下之虐，與營內之整潔，皆由此可見矣。

父親之留日，余之留俄，皆為我父子生活中受苦最大的時期，今日記此有深感焉。

父親自追隨總理參加革命以來，無日不在憂患中渡日，即逝世之時，亦是在憂患之中，雖病中亦無時不以國事為憂、國難為憂，蓋憂患可生信心。

七日

章女來信中錄有西方格言一段，含意甚深，試譯於下：

若求生活無憂無慮，

勸你切實把握今朝，

放下昨天的錯誤和挫折，

撇開明天的陰雲暗影，

莫把時光徒用於杞人憂天，

或遐思幻想。

切記每寸光陰都是生命的片段，

應為造物之神奇而欣喜並心存感激，

用歡樂與信心去迎接人生。

十一日

慈湖的夏天很像溪口的夏天。

晚餐後坐在父親靈前的庭中，有如坐在報本堂前者然。

為了處理和決定困難問題，小住慈湖，頭腦冷靜，方能有濟。

十二日

余夫婦從慈湖返臺北途中，過山谷見有白鷺一對比翼而飛，象徵我帶孝之夫妻。

父親逝世三月有半，敵人及同路人已經開始對我作種種惡毒的攻擊，此本意料中事，我當極力忍受而無動於中。敵人之所謂敵人，就是誰都不放鬆誰，我之所以如此，乃為國家之最高利益也。

「自淨其意」自己慧眼不夠，希望能自淨心意之謂也。

天地間有許多事要自己去體會，以求能進入正定而恍然
大悟。

父親逝世所引起的悲傷之情，終身難忘。今年的上半年
是苦痛和變亂的一段時期，自五月四日至今含哀工作，
東南亞的高、越、寮淪入共黨之手，菲、泰相繼承認共
匪，中東局勢和戰未決，印度激烈內爭，葡萄牙之左
傾，黎巴嫩之內戰，北韓有南侵之勢，美國有意撤消在
韓之聯軍總部，以上種種混亂皆出於同一根源。

十三日

至慈湖。

共匪散佈謠言，指我企圖聯俄以抵抗美匪，並與「臺
獨」勾結，鼓動放棄反攻大陸之國策。此一陰謀，可以
證明共匪內心之虛，以及懼我之甚，決定對此謠言不作
正面之反駁，但將駁之以事實也。

十四日

今日是父親百日忌辰，兒心仍以為父親尚在人世，但是
事實是無法變更的。在過去一百天之內，本應遵禮守靈
於慈湖，但因有公務，不得不赴臺北處理，惟每逢週
末，如不去外地，必宿於慈湖，以盡孝思。自父親逝世
以來，世界局勢大變，吾人處此惡劣環境之中，決定採
取對內加強團結，對外保持實質關係，埋頭苦幹，以待
開啟新局。

我們的外交工作，皆在無形中進行，自知何所為而為，
不受人愚弄，亦不被人擺佈，求來的雨不會大，所以我

們對於外援自無所求。在此敵我不分，是非不明的環境中，只要肯為國家拋頭顱，流鮮血，我們的前途是不怕不成功的。

十六日

今年已過一半，這是充滿了混亂、悲痛和黑暗的半年時光，未來的半年中，將是爆炸性的困難時間，我必堅強以擔起工作的重擔。

吾人如不積極建設台灣，不但無法自衛，而且無法生存。如果不光復大陸，亦無法保障臺灣之安全，如此則國家民族亦將不保。因此我們必完成光復大陸的任務，但是決非短期之內所能完成。

父親提示過「七分政治三分軍事」的戰略指導方針，這亦是七分精神三分武力的意思。革命之成敗決於精神、信心和決心，不計生死，不計成敗，乃是革命成功的要素。

過去的一言一行，今日看了都覺得幼稚可笑，但是在當時則覺得很得體，所以對今日所做之一切，決不可以為都是對的，批評我的人太少，是我最擔心的事，我從來不重視官職與地位為何物，但是別人總是以特殊地位相看，父親逝世之後，再無人教訓我了，所以我應虛心向他人去訪問，去徵詢，去請教，來充實我的知能。

國際重要傳播工具，往往在有意與無意間，為共黨幫凶、捏造事實，或以挖苦手法攻擊我們，人的弱點中以「圖私利」、「愛虛榮」與「害人為樂」最多，為之慨歎不置。

夕陽西下，前往臺北監獄，視察有關釋放減刑罪犯之工
作情形，並勉勵受刑人向善。先入女監，一進門即受到
受刑者之笑面歡迎，鼓掌問好。再至育幼室看女監之孩
童，天真可愛，不斷呼喚，「院長好」！當我出大門時
兒童呼喚之聲，尚存在耳中，怎不令人感動。旋又至男
監訪問，許多受刑人，亦皆親切見待。出大門時，民眾
集合成群，彼此握手問好，皆如家人。最後看到接受刑
人回家之家屬，彼此談話道賀。

兩週來共匪對我作惡毒之人身攻擊，此早在意中，如我
因此而煩燥，則正中其計，故我反而安寧無慮。

季辛吉指責聯合國變成了戰場，一點不錯，殊不知此一
情勢是誰造成的。

十七日

夜乘軍艦從基隆出發，一夜風平浪靜，睡眠亦佳，起身
登指揮臺，見旭日東昇，艦已接近東引島，偶見白鷗一
隻，翔於空中忽高忽低，不如以往成群結隊之多，令人
有孤單之感。與此島軍民，相聚談天下事，得意有勝於
此者乎。

從東湧隧道步行至海上削壁屏，居高望海，一片靜波，
海鷗成群低翔海面，高者鳴於天空，其聲似有所申訴，
觀賞頗久。至中正堂對官兵講話，然後乘車至南沃與路
旁洗衣村婦稍談，即往南沃村訪問民眾，如至親戚家一
般，他們生活平安而富裕，離島時與岸上送行群眾依依
揮手而別。

十八日

午後在馬祖沃登岸，當即慰問該村民眾，我與同行者在一店小吃，餛飩一碗五元，價廉味美，當時頗有飢意，吃來津津有味。由此乘車至陽明館，聽取簡報，又訪問山隴村，時隔半年，村景煥然一新，在一照相館中和同行攝影留念，並在一冰菓店中吃西瓜冷飲。

傍晚巡視島東部隊，途中適遇一排長即時下令出動，不及一分鐘，兩輛裝甲車先後從坑道開出進入陣地，余頗為滿意。後到牛角士官隊和官兵共進晚餐，同吃士兵平時所用飯菜——四菜一湯，更有士兵自種的玉米、大麥和米粥。這是多年來難得之餐，可謂餘味無窮。士兵又送了我自種的南瓜，攝影留念後離去，大家都有依依之感。

從牛角到司令部訪問後，又到馬祖育幼院巡視，其建築美麗而適用，非常整潔，有活潑可愛的兒童五十人，讀書成績好，有問必答，且親切有禮，余非常安慰，勉勵他們努力向上，必有成就。

到馬祖廟的大榕樹下，西望夕陽在大陸的河山下沉。一片平靜的大海相隔，感慨萬千。入晚訪馬祖村，村民多以捕魚為業，每人皆面帶笑容，俟回到宿地已近八時，獨坐館前，看海上的雲和月，實難得有如此空閒的夜晚。

十九日

早起與軍事人員會談後，隨離馬祖轉赴西莒，登岸後即聽取指揮部報告，慰問部隊。又至「山海一家」小坐，

此處為余二十餘年來常宿之所，風景甚美，使我回憶多少往事，山海依舊，而人物皆異，惟我反共復國政策不變，如山海之不移一也。

中午訪問青蕃村，居民生活較以往大有改善，家常皆有葷蔬助餐。乘艇過海峽至東莒，先到懷古亭觀察閩江口和梅花島之地形，又視察對大陸最接近的一個步兵哨，此地有義務役和志願役者，大家相處和洽。後到大坪訪民眾及士官一一握手，下午二時離去，轉乘軍艦返航，時東北風作，馬祖久晴，希望此風帶來好雨。

二十日

視察馬祖歷年來不知凡幾，但以此次所得印象最為深刻。當我在東引登岸時，為我駕駛小艇之士官長王玉昌曾在八二三金門砲戰砲火連天中，為我駕駛。當我在東莒上岸時，另有一位士官長，很快的跳入水中欲背我上沙灘，余雖涉水上岸，但對此士官長之動作迅速自然，深感其誠。後又在懷古亭陣地，遇一江西籍士官長，他曾服務軍中二十五年，忠實負責，彼此握手久而不捨，該三士官長給余很大的安慰，對老兵的精神內心敬佩，我將何以報之。

馬祖之行，看了官兵精神堅強，人民生活自由，感到自己責任更重，但我軍民已操革命之勝算，我誓以決心和行動，以報黨國、雙親和國人。我一生無牽無掛，此志既定，此心亦定。此決心能給我無比的力量，冷靜判斷世局大事。一心當關，萬軍莫敵，天下無難事，只怕有心人，善哉言也。

廿四日

公畢赴桃園，抵慈湖已九時矣。向父靈行禮後沐浴更衣，靜坐哀思，忽見兩朵烏雲，從南北而來，將山封閉，余名之曰「雲封青山」。入睡前入靈堂久思，是夜睡眠甚適。

廿五日

晨四時即起，入靈堂祈求我父，賜兒力量，得以排除困難，克服危險，又坐於庭中觀月，頗有寒意，入室批閱公事。

廿六日

早飯後赴人溪，沿路見農民有割稻者，有耕耘者，亦有插秧者，勞勞終年，誠可佩許，至縣政府許以大溪行邸交縣政府與中正公園合併。

在大溪公園散步時，與民眾、學生相遇，彼此招呼甚歡，在鎮上參觀了當地聞名的木刻家俱店兩家，手藝精細，古色古香，頗有提倡的價值。又參觀了大溪名產豆腐乾之製作情形，其店名為「黃日香」，已有六十年之歷史。再至附近之觀音亭，是余廿五年前舊遊之地，此地可聽溪水聲誦經聲，相互應答，令人別有靈感，門上書有「空谷傳音」四字，誠不虛也。

有許多人認為我不宜時常離開臺北，到各地訪問民眾，他們認為辛勞可能影響健康，可能有越級指揮，破壞分層負責制度的情形。他們以為行政院長應坐在辦公室研究問題，發號施令。但余對此，亦自有另一種想法，以

我來說，鄉村、深山、海濱是我最高興去的地方，和民
眾在一起，談話歡聚，乃是我所要追求的樂處，不但對
身心無妨礙而且有益，同時我出外訪問，都是利用假
日，凡重大之事須要慎重考慮並要足夠的時間去做，則
未敢稍有怠忽，至於訪問地方的時候，雖常有地方官員
陪同，但從不作任何行政事務的決定。

廿七日

午餐後赴慈湖向父靈行禮哀思，每次到了慈湖，我的心
就安定下來，炎夏坐於東廊，是時也，「藍天白雲飄，
翠竹清風吹，青山夏蟲鳴，綠草蝴蝶飛」，清風徐來，
身心頓爽。適海外學人百餘人來慈湖謁靈，余在旁答
禮，禮畢一一握手致謝。

返臺北途中見鄉人農事正忙，而余坐於車中，不勝
慚愧。

美國與我關係之變化，日非一日，泰國近又斷交，今後
我們不怕別人欺侮，只怕自己不能自立，我們處境雖
難，但吾人有志即不怕其難矣。

越南之亡國，可做我們殷鑑，我們不可在政策上搖擺不
定，光明磊落，必勝必成。

處此世界大亂、人心不古的時代；中華民國此時此地，
政府必須做到廉明、公正、有效與誠實。同時期望國人
提高公德心並建立政治之道德觀，明大義、識大體，共
赴國難。

一般人民要有申訴困難的機會，青年人要有就業的機
會，解決困難，增加就業，乃是當務之急。

國家處境雖然艱危，只要自己肯努力、能團結；吾人必操勝算，不必去看別人怎樣待我，而要看自己如何作更大的努力。風雨同舟，和衷共濟，是我們追求的大目標。但是有人想危害國家則決不寬容，國家的利益高於一切；是決策的依據，是最高的準繩。

政治、經濟兩項工作，是今日政府行政的重點，政治上要做到公正，尤其在用人方面；必須大公無私；建立三民主義的政治，要做到民主而有革命性，以全民利益為重而不偏於少數人之利益，要消除民間的冤屈和不滿。在外交方面，要把握原則，注重實質，聯合世界民主人士共同反共，而我則必須具有革命的獨立性。在經濟方面之目標在於消滅貧窮，創造均富社會、農村機械化、工業精密化、交通現代化。總之，政府務必做到廉明、公正、有效與誠實也。

八月一日

三家電視臺的節目，對民眾的新聞和社會教育，至為重要，其範圍應以四維八德為基礎，其節目之內容，在生活方面應注重勤勞、儉樸和整潔，在政治方面應注意自由、平等、博愛，在社會方面應強調守分、守法、守信等。

政府與黨只要能把握國家利益至上、全民利益為先的正確方向，和大公無私的精神，努力以赴，任何的破壞力量都不會發生作用。

二日

吾人處於今日的惡劣環境之中，不得不以忍辱負重之苦心，來處理許多難以使人忍受的事，這亦是我們祖先傳給我們重要的修養。吾人分析越南之所以亡國，蓋由於：

一、缺乏歷史性的革命領導，沒有反共的理論基礎和組織。

二、軍事未能與政治互相配合。

三、經濟衰退無力支持軍需。

四、政客之私心，造成政治四分五裂。

五、在外交上存依賴心理而無自主獨立之精神。

共匪破壞我的名譽於群眾之前，最惡毒的乃是想要傷害我的心理，使我灰心消極，我果真如此，則正中敵人之陰謀，余對此知之甚深，故對共匪之統戰，視之如犬吠然。今日吾人須要深加研究者：一旦美國承認共匪，我應採取之政策為何；一旦匪區發生政治大變，我將如何以應此大變。

十日

余初肄業小學時，於修身課中，讀古人格言曰：「登天難，求人更難；黃連苦，貧窮更苦；春冰薄，人情更薄；江湖險，人心更險；知其難，甘其苦，耐其薄，測其險，可以處世矣，可以應變矣」。當時以為前賢戒人審慎而已，於今從政日久，經歷日廣，回思此言，亦頗足為處世應變之道。然此言究為揭發社會黑暗之一面，但社會亦有其光明的一面，蓋人之本性莫不善良，往往

為惡所蔽，為政之道無他，即在啟發其善根耳。

十六日

公畢，飛臺中，中午以便當招待臺灣省農會總幹事
三百八十餘人。會後赴埔里，約半小時到達太平村，山
明水秀，風景不似人間世，家家小康，且皆有庭園，整
潔可愛，又有現代化之家用設備。里長謝春雄君，年青
有為，富於創意，考其作為，亦說明了「事在人為」之
道理。適逢陣雨，歇於農家，農民感我以深情，惠我以
冷飲，感惠之餘，常留念中。村中有大榕樹，樹下為一
老人俱樂部，有老人弈棋飲茶，又有兒童打羽毛球，此
情此景乃今世之人間仙境。隨又參觀了竹筍和茶葉加
工廠，管理有條有理。余將行，村民歡送，彼此依依
不捨。

在雨中經過牛眠山到達埔里南光小學參觀，黃益記校長
正在督導修理校舍，深感今日基層幹部確實在埋頭苦幹
之中。

車行至日月潭時，大雨如注，冒雨視察青年活動中心，
設計和建築都好。但無意中發現負責人員待別人之傲慢
而待我則恭敬備至，此兩面態度至為厭惡，本想到慈恩
塔向祖母遺像行禮，因而作罷。

在涵碧樓靜觀雲山，雲勢起伏萬變，對岸慈恩塔和玄奘
寺時隱時現，美景不可勝收。

十七日

赴省訓團對四百餘位國中校長講話，對於教育的精神、

觀念、看法與做法，講了一個小時。後到草屯鎮訪問李
秋霞君，李為一典型的農家，植有稻田、雜糧和菓樹，
家人一團和氣。從李家到北上村已是午時，在張家食堂
進餐，新鮮土產，價廉物美，氣氛尤好。回日月潭，雨
止天霽，步上慈恩塔，謹以鮮菓數色，敬祭於祖母遺像
之前，行禮默念。上下山時，與遊客多人款談。宿涵碧
樓，子夜起身，看月光塔影，寧靜無比。

十八日
由日月潭至豐原，視察臺中縣政府，聽取報告後，參觀
一私人博覽會。
當時適聞臺南縣水災，災情頗重，即電囑當地駐軍出動
救災。並決定於明日飛返臺北，處理救災事宜。

十九日
晨動身，路過北山村張讚盛家，父母皆以勞力謀生，有
子女七人，四人已卒業於大專學校，長子留美已獲博士
學位，有一人尚就學於大專，另有一人肄業高中，子女
雖皆受高等教育，在家則幫助父母做家務事，無勞厭之
色，是好的下一代，余深為之感動。

二十一日
今為中元節，傍晚車經三重、桃園、大溪，家家戶戶，
無不設祭拜祖，使我想起，祖母在世之時，每逢此日，
皆作盂蘭會，追維往事，百感交集。
今日，陪父靈，宿於慈湖。

二十三日

南部大雨成災，千萬人受害，其痛苦可想而知，為了救災，政府已盡心竭力，惟仍難以滿足人人之需要。少數不法份子，故為煽惑民心，存心惡毒，但即使是一隻蚊子，仍足以使我睡眠不安，然亦不必過於重視，只須把握正確方向沉著對付之，在徹照的陽光下，蛇蟲不易活動，蓋蛇蟲最易出動於陰濕之天氣，政治環境亦復如此。今日所最要注意的，即是如何使反動者不為共匪所用，此點吾人應慎防之。

二十四日

飛嘉義即轉赴鹽水鎮大豐里、學甲鎮頂洲里及北門勘察被洪水沖毀的排水堤防，和溪岸的崩潰處，發現此次洪水為災，即使以嘉南地區而言，亦是局部性的，主要原因，乃是雨量過多，溪流過急，堤岸年久失修，故易被沖毀，今後防患必須首先修建堤防。

學甲大德農場，規模大，設備好，損失亦大，復業信心更大，且對政府未提任何要求，但政府仍應予以協助。

在臺南堤上遇見一位退役士官，名廖惠生者，牧羊為生，其辛勤、厚道、儉樸的精神，使我留下深刻印象，深覺政府必須幫助這些人。

在北門巡視烏腳病醫療中心，兩年來病人在減少中，但設備並未改進，惟地下自來水已改建成為地上之自來水，此事是百年大計的福利工程。在中心遇一對老兄弟，兄年八十餘，弟年七十六，皆北門土生，四十年前遷居高雄，至今病情開始發作，可知此病菌潛伏性竟如

此之久，二人呼痛不已，其情悽慘，余至不忍聞，而亦
愛莫能助，深感天下之苦人太多了。以今日一般人之生
活，與此種病人相比，豈止天淵之別而已。

二十五日

大陳青年陳仁和君，卅八歲，畢業於政大西洋語言系，
編印了一本兼有圖文的「民之歸仁」，描寫大陳島撤退
經過情形，既詳盡又確實，是一部重要的歷史文件。其
中有四十四年二月一日我在飛機轟炸下，乘水陸兩用飛
機抵達大陳的照片，另有一張是二月四日，匪機轟炸
後，天空和海上又歸於沉寂，我坐在漁師廟旁一塊岩石
上的照片，照片上題句「海山月下登高崗，憂國事，誰
堪當」。閱讀此書，想起廿二年前之往事，感慨殊多，
當時有一萬八千人毀家投奔自由，今日在這些人中有了
很多生活上的改善。

卅日

飛抵金門，登擎天石室，見父親親題之字，想起當年多
次父子共處此石室之情況，不覺悲從心上來。
獨坐明廬之側，沉思默念，伴我者乃我自植之一株楓
樹，此木挺直，已高過明廬，至為可愛。每次到此，心
就寧靜而安定。
瞻望金門一片碧綠，回憶二十五年來，父親督導官兵，
經之營之，多少心血，多少痛苦，又流了多少汗漬，吾
人怎能不保衛此光明的國土。
午後赴西園，高粱已經收割，農事仍忙。又見牛羊靜臥

樹蔭下，添了原野上不少安靜的氣氛，是太平洋的太平
景象。

在西園鹽場，視察業務及慰問鹽工，對於製鹽的過程得
到了深入的了解，誠不虛此行。再往古寧頭之慈湖，遙
望大陸山河，眺望甚久，感慨殊多，在湖堤上與衛兵談
話，今日士兵的教育程度已提高多矣，故在教育、訓
練、管理和統御方面皆應有澈底之改進。再至金城視察
地方法院，由於人民守法，法院訟事大減。

從法院到金門街上巡視，和男女老少探詢日常生活問
題，彼等視我如故舊，待我如親戚，時雖短暫，大家都
自有一種心靈上的契合。

三十一日

起身後，在石室前坐看陽光普照下之海上晨光，美哉此
景，令人久坐不厭。

早餐後至水頭稚公亭，向稚暉師像行禮，默念久之。乃
改乘小艇，先至二擔，登岸後參觀鄭成功所開之萬人
井，撫今思昔，所謂「天地英雄氣，千秋尚懍然」也。
再登山望廈門，一水之隔，黑暗光明兩個世界，悲夫。
視察各陣地、廣播站及醫院，前線官兵皆能吃苦負責，
且有高度之警覺性，可見越吃苦的人對國家貢獻越大。
從大擔乘快艇至復興嶼，與官兵共進午餐，意在了解前
方之伙食，並一嚐發給之水菓罐頭，令人甚為滿意。此
次午餐於天然美好之環境中，廣闊的大海上，看點點漁
船，心頗愉悅，而軍中人情之純樸，快何如之。午後再
繼續視察各項設備，使我更信「人定勝天」之理。夜返

金門。

安定民心，必須「平」民之心，使無怨言，天下決不可能做到均富之全平地步，故必須以法律為共同遵守之標準，政府必須做到法律之前人人平等，公正的政府，才能使人心服。自來民心得之不易，失之則極易，而人各有私，亦各有所欲，今後要當在團結民心士氣方面多下功夫。

今後欲使政治革新，還要從加強組織和教育著手，不能以為來不及而不去做，無論何事，只要認真去做，則必會有其成果。

如何剷除不勞而獲的念頭，乃是建設理想社會的重要關鍵。

做事不可不小心，但是過於小心亦不足成事，左右之人皆能自愛，則可以自慰矣。注意人事的培養，和作適當的調配，乃是革新政治的要領。

九月十三日

宿於慈湖，在黃昏薄暮之時，獨坐東廊，一面看青山，一面進晚餐，一碗蛋炒飯，一盆清湯，一片西瓜，簡單有味，余每以為生活上的奢侈，乃是浪費，多一份浪費，就多一份痛苦，生活上的簡樸，乃是精神上的快樂也。

夜坐，烏雲蔽月，月非不明，不過隱於烏雲之中耳，看破了政治上的烏雲，可以省卻很多煩惱，我已無所憂慮矣。

有許多人為了滿足政治上的慾望，可以不計一切，不顧

一切，我實在難以捉摸這些人的心理。

近來與章女通信中，常常談起哲學上的許多問題，章女曾說：「人生的價值，不止是在與人共享歡樂，而更是在與人共分苦難」。這兩句話反映出了我的人生觀，在今後的歲月中，余將不遺餘力，為苦難者多做工作，以慰我不安之心，面對敵人不足懼，面對困難不足憂，只怕自己不肯努力，不肯上進耳。

十五日

花蓮新城附近之山地數處，為颱風時常登陸之地，政府決定有計劃的將之重建為現代化的山地村。

漁民苦於缺少修理漁船之廠房，政府應在漁船集中之漁港附近，加設漁船修理廠，以便利漁民。

擬籌組中央技術服務團，在水利、畜牧、交通、測量、建築各方面，提供技術服務，以解決地方上缺乏專業人才之困難。

農村中應加設烘穀機及排水系統。又新的森林政策、地政與建築作業之改進等，亦必須列案管理，不至流為空談。

十九日

巡視苗栗縣，與民眾接觸，深感人情之可貴，對從政者而言，需要人情味，無異於人之呼吸需要空氣。在頭份公路局車站，有個二、三歲的小孩，跑過來要我抱他，這是多麼動人和愉快之事。

在明德水庫，看見在水邊洗衣的一群婦女和垂釣的人，

他們都笑容可掬地向我招呼，縣政府同仁亦甚親切。

在景山牧場所見，和以往在美國所見的牧場甚相近似，此地風景美，人情厚，令人感到興奮。

從景山乘車至卓蘭鄉之食水坑，此地盛產大梨，農民陪同看山坡上的梨園，面積甚廣，林中結實纍纍，清溪流水，映帶左右，且有不少現代建築物，點綴其間，是鄉村都市化的實現，可謂美中有其更美之處。

離食水坑再轉往卓蘭鎮，此為苗栗偏僻之鄉，清靜樸實。卓蘭鎮熊姓醫生，為余旅行車司機老黃之親家，余被邀至其家午餐，同桌者有熊黃兩親家、省主席、縣長、鎮長和新婚夫婦一對，大家談笑風生，餐後走出熊家時，有許多民眾在街上歡迎，余與彼等共同攝影留念。

由此轉至菓菜市場，此間正在進行交易，農商數百人，余被包圍於人群中，至感親切，余踏上水菓之磅秤量了一下，司秤者說：「院長六十八公斤重」，群眾哈哈大笑。

在卓蘭菓菜市場與農商民眾相處，此地人熱情而善良，使我感動，竟將一切苦痛和煩惱，都忘的一乾二淨，雖然只有片刻，亦是難得。

經東勢至軍團部，向官兵賀中秋節，聊表慰勞之心意耳。途中於草湖小息，在一冰菓店吃土產之芋仔冰，味似冰淇淋，是余第一次嚐食。由此經中興新村省政府休息後，轉赴溪頭。

黃昏抵達溪頭，適逢雷雨，在走廊稍事休息，已有寒意，喝了一杯熱茶，覺得很舒適，晚餐吃完一碗蛋炒

飯，即進房休息，在此環境中，我的心寧靜下來，一夜熟睡，真是難得。

二十日

七時下山，路旁一片翠竹綠野，人在圖畫中，到松柏嶺訪舊，並品嚐長青茶。再到田尾鄉訪問彰化縣種苗生產合作社，道謝他們送給慈湖的百年榕樹。由此赴成功嶺巡視大專學生之訓練，並和代表聚餐，吃月餅，攝影留念。

這一批初進大學的學生，年青力強，皆純真可愛，乃國家未來之棟樑也。

返臺北後稍作休息，即至士林父親臥室中靜坐沉思，想起以往廿五年中父子每年都在一起過中秋節，而今父親已離兒而去，悲哉。當晚全家大小在慈湖餐聚陪靈。

二十七日

晨乘機至臺東，碧空無雲，海不揚波，在志航機場降落，有黃鏡峯縣長隨行，至泰源巡視颱風後之災情，此地本有世外桃源之稱，今已面目全非，慰問災情時，看災民正在重建家園。又走到一所國民小學，一半學生正在上課，一半學生正在整理災後之校園，特加以慰勉。由此經東河至成功鎮三千臺災區，沿路吹倒之樹甚多，幸稻穀損失不重，然後再視察漁市場，沿海四十餘家漁民，房屋被海浪捲入海中，其情甚慘，乃囑縣長協助，迅速重建漁村。回至成功鎮巡視新港後，在鎮上一小攤進午餐。

余與隨員各吃麵一碗，每碗十元，吃得很飽，與群眾告別後，乘車至加路藍漁港，憶十餘年前，曾隨侍父親在此登艦赴蘭嶼巡視，當時之經過情形，歷歷在目，引起傷感。

在此遇退役軍人和大陳義胞數人，彼等在此都能安居樂業，彼此閒話家常，有如他鄉遇故知也。

此港年來已有很多進步。由此到鹿野鄉太平村，全村皆毀於颱風，災情慘重，災民皆忙於復建，但無愁苦之表情，余逐戶慰問，並決定在此建一新的模範山地村。在破屋中和農民圍坐談天甚久。

從太平村乘車至桃源山村，由此徒步走上山嶺。從桃源到紅葉，雖然只有四公里半，在「秋老虎」的炎熱下，加之山路崎嶇，應該感覺很吃力，但風景優美，遂忘記了疲勞，只感口渴而已。路經兩大山谷，一橋名松風橋，一橋名瓦崗橋，山瀑之勢甚急，久望而不忍去。距紅葉村二、三百公尺，坡度峻峭，此時余仍一步一步上登，最後終於達到了八年要來而無機會來此之紅葉村。余坐在仁愛商店前的板凳上休息，此店為一退休的警察開設的。在此坐看山瀑，清風徐來，頗覺暢快。

但此時已滿身大汗，買了一大瓶汽水，一飲而盡，由此可知水對身體之重要了，稍事休息後即訪問村中之山胞，雖言語不通，不過從他們的表情可以看出他們的勤勞樸實，生活雖不如平地之富裕，但都能自得其樂。

此山秋冬多紅葉，故名為紅葉村。余環顧山水後，對村景名之曰：紅葉白瀑，（對山有一瀑布），又曰天下第一棒（我國第一次得世界冠軍之少棒隊，即出於此

村），村民代表數人送我下山，並贈小鐵杉一株，其情
何厚也。

自桃源乘車至志航空軍基地，時近黃昏，在指揮部慰問
官兵，並在此飲土產洛神茶，清涼可口，一飲兩杯。由
此南飛，至恆春機場，日已西落，山海寧靜，農民尚有
在割稻者，由此可見農民之辛勤矣。

抵達墾丁小築時，天已昏暗，沐浴後獨坐陽臺，有細微
之潮聲入耳，而海上點點的漁火迴映著天上點點的星
辰，長天大海，似相連接，俯仰之間，感天人益近，此
時有海鷗一群，自東西飛，乃百忙中所不易一見者。

二十八日

晨曦即起。其時陽光初照，半天嫣紅，白雲襯之，海平
如鏡。七時離海屋，一片田野，充滿了朝氣和希望。九
時抵達屏東仁愛國中。參加慶祝教師節大會，講話和贈
獎後，到潮州訪問農戶，並視察三期稻作之試種情形，
農有喜色，余亦為之欣然。

回途中在屏東公園附近冰菓店與顧客及兒童共進土產之
芋仔冰。

中午到達高雄休息，下午訪陳啟川先生，並過大新百貨
公司，此地看到真實的民情，頗堪自慰。

回旅社途中，曾順道訪問澄清湖之青年活動中心。

二十九日

晨起坐看澄清湖之山水，回憶過去侍父同遊此湖情景，
百感中來，默念久之。

九時參加青年商會為十大傑出青年頒獎並致詞，勉勵在
場之青年以毅力克服困難，創造事業。

視察中鋼和中船，兩廠員工都很努力，工程之進步極
快，充滿了熱情和朝氣，令人興奮。午後返抵台北，即
召開財經會談。

石油價格普漲一成，此為我國無法控制之事，但我有
原則四點：（一）照顧大眾生活，（二）穩定物價，
（三）不增加農工成本，（四）增強對外貿易之競爭
力量，所以決定只限汽車所用之汽油價格每公升上漲
二元。

十月一日

上週參觀電器展覽會，發現新商品不少，我國國民實至
為聰敏勤儉，只要肯努力，大有可為也。

五日

飛抵花蓮視察颱風後之災情，包括國校、機關、醫院、
花蓮港、榮民，及鄉間之鐵路工程與養豬場等，並訪問
一女計程車司機和肉商、山胞、傳教士等，感到國人都
能有難同當，有苦同吃之情誼。

從事政治，首重良知，大眾利益豈能求得人人滿意，
把握原則而不變，對準目標而不移，如此做去，那就
夠了。

人民是可愛的，壞的是極少數，如果執行政策，處處敷
衍，必是一無成就，一無是處。

十一日

清晨自大直乘車出發，經過銀河洞，一路山水清秀，林木蒼翠，心情為之豁然，途中訪問部隊、居民、公務員、教師，又遇青年登山隊及途中菜販，相與閒談家常。蘭谷營地，臨清溪，背青山，參觀其設備雖簡單而別有風味，此地余已遊覽多次，每來一次更增余喜愛此地之情。見兩青年垂釣溪中，怡然自得，心實羨之，車至「金面大觀」石碑，由此遠眺太平洋和龜山島，視野開闊，遊覽人中亦有退役軍人，彼此交談，久不忍去。

到宜蘭縣政府，已過十時，聽取簡報後，即往巡視蘇澳軍商合用之新港，此一工程遠較想像中艱難，因此建港進度較慢，但工作人員，意氣風發，只要計算精確，籌備完善，必有成功之一日。

北迴鐵路隧道工程，亦非易事，在重重困難中求其成功，對工作人員應多加勉勵也。

過南方澳訪問漁民，彼此相見至為親切，人間自有人情味也。

久聞蘇澳名勝——冷泉，今至其處，見孩童在池中游泳，天真可愛。

在蘇澳登火車返回臺北，途中望山海良田，似一幅長畫，美不勝收。

十三日

強烈颱風過境，幸未造成重大災害，此為最感欣慰之事，余衷心為民禱福為民喜也。

外國人想來學我們的政治，他們或可學到形式上的制

度，但是極難學到我們「仁民愛物」的心念，但如無此心念，即無政治之內容可言矣。

十七日
乘火車經過瑞芳附近，看見許多煤礦工人正在休息，都是疲勞不堪，此實人間最苦痛之工作，我心苦之。

十八日
夜宿慈湖，子夜起身，披衣坐於靈堂者久之，父靈應解兒所受之艱苦難忍，祈吾父在天之靈賜我智慧，與更大之忍耐力，以應付國事。
走出靈堂，望天空黑雲密佈，心中愴然。

農曆九月十五日
父親冥誕將屆，回憶過去種種，百感交集，未來之事，雖難預料，但余在未來歲月之中，自當盡心竭力，忠於國家，即所以孝親也。
一次於月中乘旅行車，經過花蓮郊區，有一穿制服的高中學生，騎機車而過，看見我滿臉笑容，舉右手向我招呼，不慎被迎面而來的另一機車相撞，雖車損而身未受傷，今雖事隔已久，但此一幕仍時時往來心目之中，始終引為不安也。

二十五日
為臺灣光復三十週年紀念日，約書楷兄同赴臺中，上午視察陸空軍部隊，面致慰勉之意，不來后里已一年矣，

下午三時到達臺灣省黨部，參加首任主任委員翁俊明先生銅像落成儀式，致辭勉勵同志效法翁先生之精神，以迎接未來三十年之更大變化，只要能夠堅守原則，把握方向，一定能夠貫徹我們的三民主義。

到市議會參觀慶祝光復節的各種展覽會，會場中人，以來自鄉間者為多，大家都喜氣洋洋，余與觀眾同看臺灣地方戲，頗感興趣，與民眾同樂，乃真樂也，戲後並與演員交談技藝。

又到中興大學惠蓀堂參加光復節酒會，場面甚大，勉以在此樂土上大家勿忘「居安思危」之古訓。

由此赴竹山鎮富州鄉視察社區建設，這是一個背山的鄉村，給人一種幽靜、富裕和整潔的良好印象，人人面帶笑容，其中有一農家八十六歲的老太太，手持蕉扇，要摸摸我的手，最使人感動。

富州村裡的檳榔林、香蕉大道、萬壽亭和村後的象鼻山，都留給我非常深刻的印象。村民都要我多留片刻，我亦不願離開，但天色已晚，不得不走，如此民眾，如此農村，實在難得。

經名間到日月潭，進簡單之晚餐後，略感疲倦，即上床休息，半夜起身，獨坐陽台上，靜思親恩，其時湖上，四寂無聲，這是最感寧靜的時刻。

二十六日

晨起即到父親行館瞻仰一周，引起許多哀思。八時離日月潭，在北村訪問張讚盛家，後又在草屯轉平林村訪問，這是荔枝出產區，別有風味。

余生平愛好山水，羨慕平民的簡單生活，以其能自食其
力，自得其樂也。而一般人名利得失之心，不能自己。
記得在電視節目裡有「少林寺」一劇，有所謂高僧者，
尚彼此你爭我奪，鈎心鬥角，不惜出賣自己，此等所謂
看破紅塵，已經得道的和尚，還都是如此，則普通儈夫
俗子，更可想而知矣。
我以為，如欲對國家和人民，有所貢獻，一定要能淡視
名利，不計生死，故我在有生之日，定要好自為之。
日來懷念父親之心益切，一切都痛在心裡。
日日工作，而不易看見利國裕民的成效，時覺煩惱不
安。惟今日的苦難，不是一國一時之事，而是時代和人
類的共同之事，吾人能夠朝正確的方向去做，作最大的
努力，其他的事，則可稍緩，事事唯求心之所安而已。

十一月一日

今日為多事之秋，對於人物與事務之判斷，必須力求冷
靜沉著，不要憂愁，不要懼怕，不要煩惱，不要疑惑，
每人應有獨立自主之人格。余以此語勉同僚，亦自
勉焉。

八日

今日立冬，客居高雄，毫無冬意，思親而又念鄉。記幼
年離鄉就讀，青年去國十二年，回國抗戰八年，繼之復
員，東奔西走，大陸淪陷後，來臺已有二十六寒暑，為
黨國所負之責任則日益加重，處境如此，當力自奮勉，
以圖報黨國耳。

南下，主持軍事七校入伍生結業禮，意在多與青年和學
生接近。

往日侍父同遊高雄澄清湖之景，歷歷都在眼前，思之倍
增傷感。

下午至高雄縣視察，遊覽久聞其名的「月世界」。此處
頗有新奇之感，山土可能是火山口噴出之物，三面環
山，中一小湖，此景以淒涼荒漠稱，土質富黏塑性，細
膩而發光，此湖又稱為寧靜海，為本島少見之一景。

在此與遊客（以大學生為多）、農民、小販，暢所欲
談，親如家人，當時有幼童手持「養樂多」一瓶，送到
我手，說：「院長，請你喝」，這是何等的自然和愉
快。從人群談話裡，可知大多數人都能安居樂業，此可
聊以自慰者也。

傍晚訪高雄市政府後，步行至附近察看土地重劃情形，
沿路受到群眾之親切招呼，黃昏時和民眾依依而別。

與運璿、書楷在旅館共進晚餐，飯後三人乘車參觀新開
業的大統百貨公司，其建築與設計頗為新穎，購物者非
常擁擠，男女老幼，皆面帶笑容，由此可以看出人民生
活的安定富裕。

高雄市的夜景，處處可以反映地方之繁榮，但余對此頗
有居安而不思危之慮。世界局勢如此，如一旦有事，
恐社會一時無適應危局之能力。當晚，回旅舍後，久
思難眠。

十二日

來往臺北慈湖之間，看見農民正在割稻，今年似又是豐

收，此乃秋收之樂，同時對農友而言，亦可說是秋收之
苦。因為農民不但割稻辛苦，從插秧起，不知用了多少
力，流了多少汗，對自食其力者，令人深深佩服。

共匪以我為目標，在多方面攻擊我，稱我為「臺灣
王」、「孫中山先生的叛徒」、「現在和談比過去要更
難」、「無法和平解決即將用武力」等等的侮辱和威
脅，我見了、聽了毫不為之動搖，反而益加堅定我反共
救國之意志。

今後苦難方興未艾，余志已堅，無所畏懼矣。古今仁者
無敵，況天無絕人之路，吾將勇敢而穩重地站起來，明
辨是非之理，看輕生死之道，則天下無難事矣。

十五日

細雨中赴臺灣大學對學生講話，並賀其三十週年校慶，
青年是純潔的，要看如何去待他們和教育他們。余視青
年如一家人，過去、今天和將來，莫不如此。蓋余之
從政乃純出於一片誠心善意，毫無私念，此則可以自
慰者也。

下午到達墾丁「海屋」休息後，一人獨自到海灘散步，
一水無波，海闊天空，坐在一塊小石上，靜觀藍天白
雲，我感覺天地是屬於我的，我亦是屬於天地的，此一
時刻，我腦中是空無一念，心中亦空無所思，難得能有
此片刻的空。

時近黃昏，坐在貓鼻頭涼亭中觀海看山，心定氣定。忽
然來了三輛遊覽車，滿載學生，他們發現我在山坡上，
就像人潮一樣，向我湧來，問好、握手、一起攝影，情

緒之自然和熱烈，令人感動非常。半小時後他們上車離去，又是一片靜寂，我和兩個村童並坐閒談。天將黑，走下山坡，受攤販之真誠接待，有的送椰子，有的送汽水，我要付錢，他們不肯收，推來推去，有說有笑，人情是無法用金錢買到的。由此轉後壁巡視漁港工程，此一工程進行得很快，已經開始使用，余被漁民圍繞談天。

當時恰好有漁船數艘進港，漁民們陪我到碼頭看漁船和捕獲的大魚，大家興高采烈，漁村中適有一對青年結婚，余往道賀，並聽民間的奏樂，有如家鄉之「小唱」，與彼等在歡笑聲中而別。想起二年前來此，是一片荒涼，現已成為漁港，可見事事都在人為也。

十六日

晨訪恆春龔鎮長於其家中，飲茶閒談後，乘車至牡丹鄉巡視。由此進入山地，經過若干部落，車行一小時半，到達旭海村，為山地同胞聚居於海邊之一小村，此間有溫泉和草原，風景頗佳，民眾生活亦安定。回途中，見部落一戶人家正在舉行婚禮，余等下車往賀。車經楓港時，在一家「簡速」飯店中進午餐。到屏東乘機返回臺北。

二十日

上星期與經濟學家分別談論經濟和管理問題，得益至多，談話之後，更感從經濟基本問題來看，馬克思的經濟學早已破產了，就是共產黨本身亦無法否認。所謂從

原始社會、奴隸社會轉到封建社會，從封建社會轉到資
本主義社會，從資本主義社會轉到共產社會，說是人類
的最高和最後形態，今日看起來這是何等幼稚而愚蠢之
思想。至於說歷史是一部階級鬥爭史，除了階級鬥爭
即一無所有，尤其它們根本否認國家，這又是何等的
錯誤。

公畢已近黃昏，獨自乘車赴慈湖。車進高速公路時，日
已自觀音山西下，晚霞半邊天，左看臺北市已是萬家燈
火，一天又過去了，路上百感交集，抵慈湖時已天黑，
向父靈祈禱行禮，哀傷深痛，自感不孝罪大。

庭左有一株白茶花已開，右一株含苞待放，見之益感慈
湖清靜肅穆，稍後坐於走廊，山間明月照，四野寂無
聲，我心真四大皆空矣。

夜間靜坐靈堂。

三十日

今年留下只有一個月了，本年內不知道發生了多少驚濤
駭浪的國務家事。父親之喪乃是終身難忘之痛，自喪父
之後本已下定決心，自修自讀，並在有生之日從事於整
理父親交存之日記與文件，寫一本真實而詳盡的我父傳
記，以雪父親一生之冤，以明父親之偉大與對國家之貢
獻，長留後世。但以目前的國家處境而言，決不易不為
國家服務，不得不背起沉重的十字架，並且要對得起父
親在天之靈，不過我亦仍將隨時整理父親之日記與資
料，為父親傳，此亦為一生中最大與唯一之心願。

一旦我要寫父傳，將以父親一生之奮鬥事實來揭穿共產

黨的邪惡理論和陰謀詭計，這應當是本世紀之重要大
事。父親於民國六十一年二月十二日日記中即謂「現時
應準備美國承認共匪後，我對美國外交關係是否斷絕，
以及如何應付之策略」，又於三月五日謂「美國今日在
臺軍援，實為有名無實，切勿以聯防協定之存否，為我
強弱之決斷」。以上所言時隔四年，但今所面臨之事實
與問題仍無二致。

月底在關島方面形成了一個所謂超級颱風向臺灣來襲，
後來被西北的大寒流擋著而使臺灣免除颱風之大災。但
是寒流卻帶來了部份的霜害。

天下決無萬全之事，總在盡其心，盡其力，今日處理經
濟問題亦復如此。要幫助工商業，就必須大量發行通
貨，通貨萬一膨脹，則物價必定上昇，影響大眾生活，
引起社會不安，所以決定暫不採大量發行通貨以刺激生
產之政策，而以穩定物價為主。凡事如能雙方兼顧最
好，否則必須權衡輕重利害。以政治而言，必須以照顧
大眾之利益為主也。

十二月一日

法郎哥於上月下旬死了，此一反共起家且以反共領袖自
居之人，到後來擋不住逆流，背我而去承認共匪，由此
看來，一個人在政治上守節和堅持原則之難矣，「看人
要看晚年」，語誠不誣。

余對政治生活的看法，乃是為了苦難的國家和同胞背十
字架而從政，即使犧牲自己而有益於國家和同胞，亦在
所不計，有生之年，必以萬惡之共匪為敵，奮鬥到底，

無他慮矣。

三日

上月二十七日為感恩節，思親恩、念國恩，今天之所以
有個人小我之存在，皆此之所賜也。

黃昏赴慈湖，於夕陽西沉之時刻，見泰山附近有白鷺一
群，自天空飛落水面，生動而美麗。再前進，至桃園附
近，見稻田已收割，且是豐年，當時仍有農夫數人，在
黃昏中栽培蔬菜，勤儉可佩，見此情景，豈敢為自己浪
費一分錢，浪費一分時間？到大溪已是萬家燈火，想起
二十五年之前，隨父住於此，不過是一山村，夜間燈火
可數，今則已成為繁榮之市鎮矣。慈湖夜景，清靜肅
穆，向父靈行禮，默念謝恩後，小坐即返臺北，因次晨
有要公待理也。

五日

只要是個人，總是會從睡眠中醒來的，總是要起床的，
總是要飲食的，總是要做事的，總是要思想的，總是要
與人相互往來發生關係的，不論是誰，人人皆如是。余
已六十五歲，年年如此，日日如此，喜怒哀樂，交相感
受，視作常事，自生到死，生活方式，生活地點，皆有
所變。從現象中來變更現象，此即人之所可為所應為
者，不為己而為人，不為私而為公，此乃為人的基本哲
學，中外古今的書，以及正規宗教，勸人教人者，亦莫
不在此，總之，找到了正當和確實的目標，而能把心定
下來，朝著此一目標前進，而有作為，則得其道矣。

六日

父親天天記日記，六十年中每天所記之事，字裡行間，皆可見父親性格之堅強，心懷之慈祥，和為國為民的精神，同時亦記下了晚年的憂慮和痛苦不平的感受，以及想及對於國家亟思有所交代。

余接見國際間不在位之友人，皆示以我中國人不忘舊的習性，決不以勢利待人也。

當政者應多聽取別人對自己的批評和諍言，而不要聽別人的鼓掌、歡呼和誇讚，要知誇讚聽得多了，可以使人「不省人事」，失去知覺，而終致僨事。

十日

余以為任何政治，如不以良心、善意和智識為基礎，則為偽善之政客，甚至假借民主做卑鄙的勾當，如此等人一旦有權在手，則將危害人民和社會，無惡不作矣。

十五日

一年的時間快過去了，這是一個極為苦難的年頭，真不堪回首矣。父親由病重而崩逝，余內心之悲痛，已屬不堪。而國際形勢之不穩定，經濟之不景氣，種種困難，更皆有待克服，所要的乃是忍耐和勇氣，毅力與智慧，自今以後，是決定成敗興亡的階段，吾人在此必須擔當一切，並奮勵直前。

二十一日

傍晚到達慈湖，天色已晚，天井白茶花與桂花皆在盛

開，向父靈行禮。半夜起身，徘徊靈堂，深有孤苦
之感。

二十二日

為農曆冬至，早起向父靈行禮致敬。

今日送了一塊匾額「人和年豐」給北港朝天宮，這是應
當地人士之請而送的，在冬至上午我參加了上匾典禮，
其進行儀式，一如家鄉之廟會，這又是一個大陸與臺灣
不可分的明證。禮成後走出廟門，受到數千群眾歡迎，
甚為他們的熱情所感動。由此乘車至海濱巡視一般人所
謂臺灣最貧窮的口湖村，訪問了一位已故的傑出青年鄭
豐喜的家屬，這位殘疾青年之奮鬥精神，令人欽佩，並
至其墓前致敬。從口湖轉至臺西鄉視察海埔新生地，工
程甚大，在此慰問海防部隊，與官兵握手談話，深有親
切之感。離此到達五條港，巡視古廟與民眾暢談，返回
北港在一素食館進餐，價廉味美。從北港經民雄至嘉
義，參觀永興農機廠，此為私人所辦者，甚有規模。在
陳縣長家拜望其尊翁後又至一家榕石園，參觀奇石和盆
景，頗為別緻，歸途中與民眾彼此招呼。

二十四日

今年士林客廳仍如往年佈置聖誕樹，有如父親在世時一
樣，聖誕前夕獨自到父親臥室，靜思默念，觸景生情，
悲痛至深，在客廳中徘徊後即返寓所，一人在小書室中
誠意禱告，是晚入睡甚早。

二十五日

聖誕節與妻同往慈湖向父靈行禮,往年我父子皆在一起渡聖誕節,在行禮時,希望父靈能知孤兒之心意也。

一年終了,回憶一年之經過,實在有不堪回首之感,父親久病之苦,以及臨終前後數小時之情景,不能一刻或忘,自父親逝世之後,決心奉獻自己所有的一切,來做好自己應做的工作,今後除了自己的工作外,更要為社會培養人才,厚植國力,這是最難亦是最重要的事。責任加重,處處是困難,我實應堅確信念,慎重積極,無憂亦無懼,步步向前行,克服萬難,突破橫逆,和全國軍民同胞共同奮鬥,以復興國家民族,達成父親之遺志。

民國日記 68
蔣經國大事日記（1980）
Daily Records of Chiang Ching-kuo, 1980

主　　編　民國歷史文化學社編輯部
總 編 輯　陳新林、呂芳上
執行編輯　林弘毅
美術編輯　溫心忻
封面設計　溫心忻
文字編輯　詹鈞誌

出　　版　開源書局出版有限公司

香港金鐘夏慤道 18 號海富中心
1 座 26 樓 06 室
TEL：+852-35860995

民國歷史文化學社 有限公司

10646 台北市大安區羅斯福路三段
37 號 7 樓之 1
TEL：+886-2-2369-6912
FAX：+886-2-2369-6990

初版一刷　2021 年 5 月 20 日
定　　價　新台幣 400 元
　　　　　港　幣 105 元
　　　　　美　元　15 元
I S B N　978-986-5578-25-1

http://www.rchcs.com.tw

國家圖書館出版品預行編目 (CIP) 資料

蔣經國大事日記 (1980) = Daily records of Chiang
Ching-kuo,1980/ 民國歷史文化學社編輯部主
編 . -- 初版 . -- 臺北市 : 民國歷史文化學社有限公
司 , 2021.05

　面；　公分 . -- (民國日記 ; 68)

ISBN 978-986-5578-25-1 (平裝)

1. 蔣經國　2. 臺灣傳記

005.33　　　　　　　　　　　110006858